# 高校教育の新しいかたち

困難と課題はどこから来て、出口はどこにあるか

児美川孝一郎

泉文堂

目　次

## 2章 戦後教育学における労働と職業……43



# Ⅱ 今日の高校教育の臨界点

## 3章 〈階層的序列化〉のなかの高校 ——「教育困難校」におけるキャリア支援……72

# 序章　高校教育の何が論じられるべきか

戦後日本の教育は、戦前の国家体制を根底から支えた教育システムへの痛切な反省から出発し、一九四七年には教育基本法と学校教育法が成立した。そして、六・三・三・四制を基本とする学校教育法に位置づけられた新制高校は、一九四八年に発足した。その後、新制高校は、「新制」という形容詞などすっかり不要となり、戦後の日本社会に定着して、人々の学校体験のなかに根づいてきた。発足から数えると、すでに七〇年以上の歳月が流れている。

当然のことではあるが、この七〇年あまりのあいだに、日本の高校は、大きな変容をとげた。制度的な側面のみを見ても、学校数は量的な拡大を続け（少子化の影響で、さすがに現在は減少傾向に転じているが）、進学率も大幅な上昇を経験した。一九五〇年にはわずか四〇％強であった高校進学率は、今では九八％を超えるに至っている[1]。当初は、普通科と工業、商業、農業等の職業学科で構成されていた学科も、その後、理数科、体育科、国際科等の職業教育系ではない専門学科が生まれ、新たな学科と

1　以下、本書における高校、専門学校、大学の進学率、就職率などのデータは、特に断りのない限り、文部（科学）省「学校基本調査」各年度版による。

しての総合学科も誕生した。

教育課程の変遷も言うまでもない。卒業所要単位に注目すると、一時期は八五単位以上にまで積み上げられたが、現在では弾力化が進み、七四単位以上と規定されている[2]。

こうした高校制度の内部の変化は、高校の入口と出口における外部との接点の変化とも連動している。公立高校の入試のあり方は、都道府県によって異なるが、通学区の設定、入試方法や評価基準、内申書の取り扱い等に至るまで、目まぐるしく変遷した。

高卒後の進路は、一九九〇年代以降、進学が就職を上回るようになったが、専門学校制度の発足、大学設置基準の緩和、高卒求人の減少等の影響により、その後も進学率が上昇を続け、現在では高卒後進路の八割を進学（大学、専門学校を含む）が占めるようになった。

これ以上、書き続けてもキリがないのでやめるが、戦後の七〇年あまりの高校の歴史は、制度面でも教育課程の面でも、教育方法や生徒指導の面でも、入試や卒業後の進路においても、生徒や保護者の意識にしても、その内には多大な変化・変遷と多様な幅での展開を含んでいる。ただ、そうした変化と多様性の極みにおいても、けっして看過してはならない点がある。それは、戦後日本の高校は、これまで順調に発展してきたのかと問えば、答えは「必ずしもそうではあるまい」ということになるという点である。

いや、こんなことを書けば、きっと高校は戦後社会にしっかりと根づき、「高卒当然社会」といった概念[3]が捻出されるまでに、子ども・若者にとっても、この社会にとっても必要不可欠な教育機関になっているではないか。それが、順調に発展していないとはどういうことか、といった反論が返ってくるにちがいない。

確かに、高校への進学率九八%超という数字は、日本の高校が、進学を希望するほぼ全員に、義務教育段階を越えた後期中等教育を受ける権利を保障できていることの証左である。もちろん、残り二%弱をめぐる問題は無視しえないし、高校に入学しても途中で退学する者も存在している。しかし、日本の高校中退率は、一時は二・五%程度を超える時期もあったが、現在では一・五%を割る水準で推移している[4]。諸外国と比較すれば、この数値は驚くほど低い。また、高卒後に進学するのでも就職するのでもない、いわゆる「無業者」の割合も、現時点では五%程度にとどまっている。これまた、諸外国からすれば、羨ましすぎるほどに低い数値のはずである。

こうした数字を見る限り、「現在の高校教育のいったいどこが問題なのか」という批判には、一理あると言わざるをえない。しかし、にもかかわらず、なのだ。見てきたような外形的な「発展」や「安定」とは裏腹に、今日の高校は、その内奥に多大な課題を抱え込み、数えきれないほどの困難を堆積さ

2 これまでの「高等学校学習指導要領」を参照。
3 香川めいほか『〈高卒当然社会〉の戦後史』新曜社、二〇一四年、を参照。
4 文部科学省「平成二九年度児童生徒の問題行動・不登校等生徒指導上の諸課題に関する調査結果」二〇一八年、を参照。

せているのではないのか。まずは、そのことに気づき、困難や課題の存在を真正面から見すえなくてはならない。――これが、筆者が本書の執筆を思い至った根本的な動機である。

## 1　本書のねらい

この本のねらいは、戦後の高校制度と高校教育の歴史的展開を踏まえつつ、現在の高校が抱え込んでしまっている困難や課題のありようを明らかにすること、および、困難や課題が堆積された結果、今日の高校が、もはや高校教育としての実質を保持することが難しい〈臨界点〉に達しつつあるのではないかという問題提起を行うことにある。そのうえで、いくつかの論点を示唆することにとどまらざるをえないが、〈臨界点〉に届きつつある困難と課題を乗り越えるためには、どのような高校教育の「新しいかたち」を展望すべきなのかについて、可能な限り点描してみることである。

そもそも「困難や課題などどこにあるのか」と疑問に思われる読者には、1章以下の本文をじっくりと読んでいただきたいと思うが、ここでは、一点だけ指摘しておきたい。それは、現在の日本の高校は、教育制度内でのポジションや制度の構造上、その問題点や矛盾が、外部にはなかなか露呈しにくいように仕立てられているという点である。

この「仕立て」には、主として二つのポイントがある。一つは、先にも触れたように、高卒後進路において、進学が八割を越えているという実態である。あけすけに言ってしまえば、今ではおおかたの子ども・若者にとって、高校は、義務教育を終えて、大学あるいは専門学校に進学するまでの「通過点」なのである。通過点である以上、高校が責任ある役割を果たしているかどうか、実質的に機能しているかどうかが、広く社会的に疑問視されたり、問題化したりするといったことは、それほど起きにくい。仮に高校教育としての実質がどれほど形骸化し、空洞化していたとしても、卒業後の生徒を受け入れてくれる上級学校があるために、そうした問題点や矛盾は、容易に「先送り」できてしまうのである。このことは、現在、多くの大学が、高校までの既習内容を復習する「リメディアル教育」を相応に充実させない限り、そもそも大学教育をスタートさせることができないような状況に陥っていることを想起すれば、わかりやすいかもしれない。こうした意味で、今日の高校教育の問題点や矛盾は、それを先送りするルートが確立しているがゆえに、容易に外部には露呈しないメカニズムが働いているのである。

もう一つは、日本の高校は、戦後の制度的な拡張のプロセスで、しだいに学校間格差を拡大し、階層的に序列化されてきたという実態である。実は、本書が注目する高校教育の困難や課題は、この序列構造の最下層にある高校群に集中的に、いわば煮詰められた形で現れている。しかし、そのことは、社会一般の目にはなかなか映らない。もちろん、上位校や中堅校には何の問題もないわけではない。高校での学びが実質的に形骸化し、子どもや若者の自立を促す機能の弱体化が進んでいるようにも推測できる。しかし、そうした問題点や矛盾は、先に述べた「先送り」メカニズムのおかげで、世間の目にはなかなか見えてこないのである。

これに対して、「底辺校」や「教育困難校」「課題集中校」などと呼ばれる下位校が直面している現実は、目を覆いたくなるほどのものがある[5]。こうした高校は、授業の不成立、生活指導上の諸問題、中退、卒業時の進路未定など、気が遠くなりそうなほどの困難や課題を日常的に抱え込んでいる。もちろん現実には、これらの高校の教師たちは、時には連携機関の力なども借りながら、必死になって高校教育の崩壊を防ごうと奮闘している[6]。

しかし、それでも、本書が主張する意味での高校教育の〈臨界点〉は、序列上の最下位に位置する高校群のすぐ隣りに見えていると言わなくてはならない。下位校は、先に述べた「先送り」メカニズムの恩恵にあずかれない高校であるがゆえに、問題点や矛盾は、確実に顕在化している。にもかかわらず、こうした高校群が直面している現実は、教育関係者などの一部を除けば、学歴志向を強め、学力獲得競争に射すくめられた社会一般の人々には、目にとまらない空隙に追いやられているわけである[7]。

## 2　問題設定と視点

以上のような意味で、この本のねらいは、日本の高校が抱え込んだ困難と課題が、もはや〈臨界点〉にまで近づきつつある姿を、戦後の高校制度の歴史的展開にも目配りをしつつ、ていねいに描き出すことにある。

とはいえ、こうした課題に迫るために、高校教育のあらゆる領域や側面にわたって、あたかも「戦後高校教育史」を網羅的に叙述するかのような作業に取り組むことは、本書のような小著の守備範囲をはるかに超えている。また、当然のことながら、筆者などの力量が及ぶところでもない。それゆえ、以下の各章は、本書のねらいを明らかにするために効果的であると思われる「観測点」を設定し、そこで選ばれた論点や事例をモノグラフ的に考察する論考を配置することで構成している。具体的には、特定の視点を設定し、その観点から戦後の高校教育システムの展開に潜む問題性を俯瞰的に概観することや、個別の高校についてのケーススタディを通じて、現在の高校教育が抱える困難や課題の〈臨界点〉を浮き彫りにすることなどである。

そうした観測点は、本書では、以下の二つの視点に基づいて設定している。第一は〈職業社会との疎隔〉であり、第二は〈階層的序列化〉である。もちろん、ともに主語は「高校」である。

もう少しだけ説明しておこう。第一の視点は、日本の高校が、戦後の制度的展開のプロセスにおいて、しだいに職業世界や社会の要請との関係で自らの役割や機能を定めるのではなく、専ら教育システム内

5 朝比奈なを『見捨てられた高校生たち』学事出版、二〇一一年、などを参照。

6 古賀正義『〝教えること〟のエスノグラフィー』金子書房、二〇〇一年、黒川祥子『県立！再チャレンジ高校』講談社現代新書、二〇一八年、などを参照。

7 ここで「底辺校」「教育困難校」「課題集中校」などと表現した高校群は、基本的には全日制高校を想定している。実は、定時制高校や通信制高校の場合には、これらの高校群よりも困難さの度合いを増幅させていることも多い。高校教育の〈臨界点〉と言うのであれば、当然、定時制や通信制の高校についても明確に視野におさめるべきであるが、本書では、残念ながら、これらの高校については触れていない。専ら筆者の力量不足によるものである。今後に残された重要な研究課題としたい。

の事情（例えば、高校進学率の上昇による多様な生徒層の入学、あるいは、進学競争の激化など）への対応を軸にして、制度の再編や教育課程の編成に腐心するようになったという傾向を指している。1章の表現を借りれば、高校教育の〈自律システム化〉である。

もちろん、高校教育の〈自律システム化〉は、つねにマイナスにしか機能しないわけではない。高校の自律性が担保され、例えば産業界からの「手前勝手な」要求に直面しても、教育側としての自主性を担保するといった機能も果たしてきたはずである。しかし、高校教育が社会から切り離されているということは、本来的には高校の存在意義を危うくし、その存立基盤を掘り崩すことになる点に注意が必要である。

もちろん、「学（校）歴社会」を前提とした進学競争への参入志向が、生徒と保護者の意識の大半を支配していれば、高校での学習の「意味」は、擬似的には成立するかもしれない。しかし、それは、高校教育の本来の意味を転倒させるものであり、潜在的には高校での学びを「形骸化」させるものともなる。実際、進学競争圧力が、上位層を除けば「弛緩」しつつある状況では、あるいは、最初から進学競争には乗っていかない層にとっては、高校の〈自律システム化〉によって、高校での学びの意味はつかみにくくなり、学びは実質的に「空洞化」していくのである。

第二の視点は、すでに述べたように、序列的に階層化された最下層の高校群に、現在の高校教育の困難と課題が集中的に顕現しているというものである。高校教育の〈臨界点〉も、それと地続きの地点に垣間見えている。しかも、それだけではない。〈自律システム化〉した高校制度の下で、各高校が階層的に序列化されているという事態は、高校に入学しようとする生徒や保護者の進学行動を強力に枠づけ、卒業後の進路選択にも多大な影響を及ぼしている[8]。そうしたなかで、生徒や保護者に対しては、少しでも序列上の上位の学校に行くことが、より良い教育行動であるかのような「錯覚」を、教師に対しては、生徒を少しでも序列上の上位の大学に進学させることが、より良い教育であり、自校のランクを少しでも上昇させることが、より良い学校づくりであるという「錯覚」を与えている。それこそは、本来の意味での高校教育の「空洞化」から、当事者たちの目をそらさせる巧妙な装置として機能しているのである。

## 3　構成と内容

さて、本書の構成と各章の内容は、以下の通りである。

「I　戦後の高校教育、政策、理論」では、先に触れた本書の第一の視点である〈職業社会との疎隔〉を意識して、戦後の教育制度の展開を振り返って考察した。

---

8　古くから教育社会学の分野で、高校の「トラッキング」機能として指摘されてきた事態は、進学率・就職率の変動などの環境変化にもかかわらず、「弛緩」するどころか、現在でも強力に機能していると言うべきであろう。樋田大二郎ほか『高校生文化と進路形成の変容』学事出版、二〇〇〇年、を参照。

1章では、高校教育政策の歴史的展開を俯瞰しつつ、なぜ日本の高校の〈職業社会からの疎隔〉が進み、高校の〈自律システム化〉が生じたのか、そして、そのことが結果として、高校教育にどのような困難や課題を招いたのかについて論じた。2章では、上記のプロセスが発生した背景には、教育政策や学校現場の反応などの問題があるだけではなく、実は、そうした事態に批判的に対峙しえなかった教育研究の「弱点」が反映しているのではないかという問題意識から、戦後の教育学が、職業世界と学校との関係をどう捉えてきたのかを批判的に概観した。

続いて、「Ⅱ　今日の高校教育の臨界点」では、本書の第二の視点である高校の〈階層的序列化〉を意識して、その影響力と抗いがたい磁力を、いくつかの高校群のケーススタディによって描こうとした。

3章では、「教育困難校」とされる三つの高校の学校づくりや生徒へのキャリア支援・教育の取り組みを対象として取りあげつつ、そうした努力にもかかわらず、それでも「何ともならない現実」が存在することを浮き彫りにした。また、4章では、東日本大震災という未曾有の出来事を経験してもなお、微動だにしない高校序列化の磁力やそれに規定される生徒たちの高卒後の進路行動のありようを明らかにした。

最後に、「Ⅲ　高校教育の新たな展開」では、今日の高校が〈臨界点〉に近いほどの困難と課題を抱え込んでいることを踏まえ、そうした状況を脱しうる「新しい高校のかたち」を展望していくための基礎固めとなる考察を試みた。

5章では、新制高校の発足後、四五年ぶりに設置された新学科である総合学科の「その後」を追うとともに、今後の高校教育のあり方を展望するうえでの可能性を、その限界とともに、ある高校での調査を踏まえて考察した。6章では、二〇一八年に告示された新しい高等学校学習指導要領を分析し、それが、今日の高校教育が抱える苦境を打破しうるものなのかどうかを批判的に検討した。

終章では、これまでの章での考察を踏まえ、今後に展望すべき高校教育の「新しいかたち」を考えるための論点について、微力ながらも筆者なりに点描してみた。

なお、この本の各章には、書き下ろしのかたちで執筆した章と、筆者がこれまでに書き貯めてきた原稿を利用して作成した章とが混在している。初出一覧については、巻末にまとめてあるが、初出原稿のある章についても、本書全体の構成上の必要から、かなりの程度の加筆や削除を施し、適宜必要な修正を加えている。その意味では、本書が、これまでに書いた論文の寄せ集めに映ることなく、筋が通った一冊の書籍となるように最大限の工夫を凝らしたつもりである。もちろん、本当にそうなっているか否かについては、読者の判断に待つよりほかにないのだが。

# I

# 戦後の高校教育、政策、理論

# 1章　戦後の高校教育政策の展開と転回

高校のありようが揺らいでいる。その揺らぎは、いくつかの綻びを縫い直せば、それで修復できるような性質のものではない。象徴的に言えば、慢性的な「制度疲労」に近い。このまま放置しておけば、高校教育システムそのものが朽ち溶けていく可能性さえ否定しえない。

そうした揺らぎは、なぜ生じたのか。さまざまな要因が複合していることは明らかだが、この章では、序章で指摘した本書の第一の視点である高校と〈職業社会との疎隔〉、そして、その結果としての〈自律システム化〉の帰結として押さえてみたい。

そのために、まずは、戦後の高校教育政策の展開過程を上記の視点に基づいて追跡し、現在の状況にまで至る「転回」点を探る。併せて、考察の結果見えてくる高校教育の〈臨界点〉を踏まえ、現時点で考えられる教育政策や高校制度改革の課題や可能性について問題提起してみたい。

## 1　戦後高校教育史への視点

戦後発足した新制高校は、すでに七〇年に及ぶ歴史を有している。発足後の展開プロセスをどのように時期区分するのかについては、さまざまな観点がありうる。

高等学校学習指導要領の変遷が、その時々の高校教育のあり方を規定してきたという視点からの整理や通史の描き方は、ひとつの方法である[1]。あるいは、戦後のある時期まで有力であった「戦後教育史」像になぞらえて、一九四五年以降の戦後教育改革（＝「高校三原則」の確立）、五〇年代の「逆コース」による政治的拮抗、六〇年代の経済成長路線のもとでの「教育の経済への従属」[2]（＝「高校多様化」政策）、七〇年代以降の能力主義的再編、そして八〇年代半ば以降の新自由主義的教育改革といった「雛形」に、戦後の高校教育史を落とし込むこともできるかもしれない[3]。

これらが、教育政策の変化に重点を置いた見方だとすれば、「政策」の影響を度外視するわけではないとしても、高校教育や制度の「実態」の変化をより重視する視点もありうる。この見方からすれば、一九五〇年には四〇％強であった高校進学率が、七〇年代半ばには九〇％を超え、その後も漸増を続けたことが注目される。そして、そうした量的拡大は、高校に入学してくる生徒の層の多様化を内包するものであり、そのことが、高校教育の内容や方法の質的変化を迫ることになったという観点からの「戦

1　例えば、橋本三郎『高校教育の現状と教育改革への提言』高校出版、一九九一年、山口満編『教育課程の変遷からみた戦後高校教育史』学事出版、一九九五年、などを参照。
2　藤岡貞彦『教育の計画化』総合労働研究所、一九七七年、を参照。
3　大田堯編『戦後日本教育史』岩波書店、一九七八年、堀尾輝久『日本の教育』東京大学出版会、一九九四年、佐藤広美『二一世紀の教育をひらく』緑蔭書房、二〇〇四年、などを参照。

後高校教育史」像が提出されることになる[4]。

これらの見方の相違は、それぞれの視点のおき方の違いに由来するものであり、一概に優劣を付けられるようなものではない。しかし、学習指導要領の変遷、教育政策の変化、生徒の変容を軸とする高校の実態の変容という、これらの視点の取り方には、ひとつ欠けている観点がある。それは、高校と外部環境との関係、とりわけ職業社会を構成するものとしての産業界や労働市場との「接続」という視点である[5]。

この章では、この「接続」という観点から、戦後の高校教育史、とりわけ高校教育政策の変遷を跡づけてみたい。こうした視点から、戦後の高校教育（政策）の歴史を振り返ると、そこには、以下のような緩やかな時期区分を想定することができる。

**外部環境（労働市場）との接続関係から見た戦後高校教育史の見取り図**

| |
|---|
| Ⅰ　新制高校発足期 |
| 高校進学率が低水準にとどまる高校制度の「エリート段階」。高校は、進学準備機関として大学に接続。 |
| Ⅱ　一九五〇年代～六〇年代末まで |
| 高校進学率の上昇により、高校制度は「大衆化段階」に。大学進学者だけではなく、高卒就職者への対応の必要性。労働市場への対応を見すえた学科、教育内容・方法の改編。 |

Ⅲ　一九七〇年代～八〇年代末まで

高校進学率のさらなる上昇による「大衆化」の昂進（＝「ユニバーサル段階」）。入学する生徒層の多様化への対応を見すえた学科、教育内容・方法の改編。大学進学率は、三割台まで上昇して横這いに。高卒就職は、学科にかかわらず、新卒一括採用・日本的雇用と接続。

Ⅳ　一九九〇年代～現在

高校進学率は、九五％以上で高止まり。規制緩和によって大学進学率は、五〇％台まで上昇。高校と新卒一括採用・日本的雇用との良好な接続関係が解体過程へ。

Ⅰの発足期については、本章の課題設定の枠外であるので、以下、Ⅱ以降の時期について論じつつ、現在の高校教育および高校教育政策が抱える困難と課題の所在を明らかにしたい。

4　例えば、門脇厚司ほか編『高等学校の社会史』東信堂、一九九二年、菱村幸彦「量と質のジレンマ――高校教育の五〇年を回顧する」月刊高校教育編集部『これまでの高校、これからの高校』学事出版、一九九八年、などを参照。

5　こうした視点を採用した先駆的な研究として、乾彰夫『日本の教育と企業社会』大月書店、一九九〇年、がある。

## 2　一九五〇年代〜六〇年代の高校教育が直面した課題

一九五〇年には四二・五％であった高校進学率は、一九六九年には七九・四％にまで上りつめる。この時期は、高校の急激な量的拡張期である。文部省は、一九六三年には高校の入学者選抜における「適格者主義」を明確化するが[6]、そこには、高校教育の質的水準の維持という目的とともに、際限のない高校進学率の上昇に対して、一定の歯止めをかけたいという「思惑」が存在した。しかし、当時の高校全入運動の盛り上がりに象徴される人々の進学志向は、そうした文部省の企図をも裏切りつつ、高校制度の拡張を促し続けたのである。

その結果、この時期の高校教育は、大きく言って、二つの困難（＝課題）を抱え込むことになったと言ってよい。一つは、高校制度の量的拡大の帰結として、従来の高校教育が想定しなかったような生徒の層が、大量に高校に入学するようになったことへの対応である。文部省による「適格者主義」の観点は、高校教育の「質保証」と、学科の種別や学校による違いを超えた高校教育の「統一性」を、少なくとも建前のうえでは確保しようとしたものと見なすことができる。

しかし、実態としては、当時の文部省も、生徒の多様化に対しては、教育課程上の対応を迫られることになっていた。それが、類型（コース制）の導入や同一の科目をＡＢ等に区分する高等学校学習指導要領の規定であった。一九五八年および一九六九年の学習指導要領改訂に当たっては、教育課程審議会の答申をはじめとする当時の政策文書の文言にしたがえば、「生徒の能力、適性、進路に応じた教育課程の編成」がめざされたのである。

もう一つの困難は、量的に増大した生徒たちの卒業後の進路をどう確保するかという問題である。もちろん、この時期には大学進学率も上昇したが、それは、一九六九年の段階でも二一・四％にとどまる。残りの生徒は、高卒就職へと向かうことになった。高校進学率がいまだ五割に満たない段階であれば、高校は、相対的には「恵まれた層」のための上級学校であり、高卒就職を希望する生徒たちを、産業界のそれぞれの分野に「中堅人材」として送り出すことが可能であった。とりわけ、職業学科の卒業者に対しては、それぞれの学科の特性に応じた産業界の各分野において、地元の地域労働市場のみならず、大企業の新卒労働市場においても豊富な労働力需要が存在していた。

しかし、高度経済成長とともに高校進学率は急増をはじめ、量的に膨張した生徒の就職先をどう確保するかは、高校側にとって死活の課題となった。しかも、高度成長期は産業構造の急速な転換期でもあり、産業界で求められる労働力水準も高度化していた。したがって、それ以前の高校制度の枠組みを保持したままでは、これまでのような産業界の人材需要との「良好な」接続を維持できない可能性が生じるという事態に直面したのである。

6　文部省初等中等教育局長通知「公立高等学校の入学者選抜について」一九六三年八月二三日。そこでは、「高等学校の教育課程を履修できる見込みのない者をも入学させることは適当でない」「高等学校の入学者選抜は、……高等学校教育を受けるに足る資質と能力を判定して行うものとする」とされた。

## 3 「高校多様化」政策という対応

高度成長期の前後、高校教育が抱え込んだ困難は、述べてきたように、「これまで経験したことのない生徒」の層を受け入れて、授業の実施や生活指導上の難しさを増幅させながら、同時に、その生徒たちを労働市場へと送り出していく方途を確立しなくてはいけない点にあった。原理的には、かなりの困難を予想させる難題である（今から振り返れば、実際には、教育課程の「弾力化」や学校現場の対応の「柔軟化」と、経済成長を背景とする新卒労働市場の活況が、これを救ったのであるが）。

ところで、当時においても、その後の戦後教育史の諸研究においても、一九六〇年代に展開された「高校多様化」政策は、きわめて評判が悪い。しかし、それは、以上のような意味で「質的に」新たな段階を迎えた高校教育の「現実」を見すえ、その課題（難題）に真正面から対応しようとした政策でもあったと見ることができるのではないか。

一九六〇年の「国民所得倍増計画」に端を発し、六三年の経済審議会答申「経済発展における人的能力開発の課題と対策」に根ざした「高校多様化」政策は、その理論的な支柱を、「マンパワー・ポリシー」に基づく「教育計画論」におくものであり、地域ごとの労働市場における労働力需要の将来予測にしたがって、高校の職業学科の再編を進めようとしたものであった。それが、中央レベルでの教育政策に着地するのは、一九六六年の中央教育審議会答申「後期中等教育の拡充整備について」であるが、実際にはそれ以前から地域レベルにおいては、地域の産業開発計画の一環として、「高校多様化」の構想が打ち出されていた。有名な富山県の「三・七体制」（産学協同の高校づくりを進めるため、普通科三割、職業科七割の高校の配置と拡充整備が構想された）は、そのひとつの典型である。

こうした施策が、当時の高校全入運動――基本的にはそれは、普通科高校の増設を求めていた――の神経を逆撫でするものであったことは想像に難くない。また、将来の労働力需要の予測からストレートに職業学科の拡大・再編を図るという強引な政策の論理の背景には、「教育はそれ自身目的を有しない」「高度経済成長下の教育政策は、量から質へ、政治的観点から産業的観点への転換を迫られている」[7]といった言説が見え隠れしていたことも事実である。少なくともそこには、人々の教育期待や高校教育の望ましいあり方という観点との慎重な「調整」をはかろうとする「デリケートさ」が、致命的なまでに欠けていたと言わざるをえない（それは実は、経済成長路線という当時の政治の時流に乗った教育計画論者たちの「自信」の裏返しでもあったのであろうが）。

別の見方をすれば、当時の教育計画論が構想したように職業学科の構成を細分化させすぎることは、現実には産業構造の転換のスピードとのあいだに齟齬を生み、かえって必要な人材を輩出できないという事態につながった可能性もある[8]。それでは、産業界の要請に応えられないのみならず、人材養成としても深刻なミスマッチを生んでしまったにちがいない。

---

7　清水義弘『二〇年後の教育と経済』東洋館出版、一九六一年、五九頁、六三頁。
8　天野郁夫『教育改革を考える』東京大学出版会、一九八五年、を参照。

こうした点で、一九六〇年代の「高校多様化」政策は、教育政策としては、確かに「荒削り」すぎた。しかし、後の議論との関係で注目しておきたいことがある。それは、六〇年代「高校多様化」政策は、その構想の「粗暴さ」[9]は勘弁願いたいとしても、少なくとも産業政策（労働力政策）と教育政策との「連携」や「調整」を通じて、高校教育の内容と職業世界とをいかに「接続」するのかという観点を、高校教育政策の原理に据えていたという点である。

## 4 教育システムと「日本的雇用」の接合

周知のように、六〇年代「高校多様化」政策が抱いた「夢想」は、実際にはその後、現実のものとはならなかった。七〇年代半ばには九〇％を超えることになった高校進学率の上昇は、主として新増設された普通科高校が吸収することになったのである。その背景には、当時の「高校全入運動」において人々が求めたのが、圧倒的に普通科であったという事情がある[10]。高卒後の進路が就職へと閉じられている（少なくとも、そう見えた）職業科ではなく、大学進学にも開かれた普通科が強く支持されたのである。また、高校を新増設する自治体にとっても、財政的な負担という意味で、職業科の設置よりも普通科の方がはるかに容易であったという現実的判断も影響したであろう。

いずれにしても、進学率が九割に達した段階の高校教育は、生徒数比で言えば、普通科が六割を超えるという制度形態となった。常識的に、そして論理的に考えれば、この普通科の卒業者の進路（進学はともかくとして、就職先！）をどう確保するのかは、この時点での高校教育にとって重たい「難題」となったはずである。

しかし、実際にはそうはならなかった。当時の高校の「窮地」が救われたのは、新設の高校をはじめとして、就職者を多数輩出することになる普通科高校が、教育内容の職業的レリバンスを高めたからではない。そうではなく、高度成長期の未曾有の経済成長と労働力需要の増大（＝人出不足）を背景として、この時期、大企業を中心とした日本企業が、「新卒一括採用」の仕組みと「日本的雇用」慣行を確立し、そこに高校教育が接続したからである。

重要なのは、新卒採用と、日本的雇用慣行における「企業内教育」との接合である。その結果、新卒の採用は、入社後に企業内教育が施されることを前提として、普通科高校の出身者にも大きく門戸が開かれた。そこで求められたのは、入社後の企業内教育に付いていけるだけの「基礎的・汎用的能力」を獲得していることであり、その後の「訓練可能性」であった。入社前に身につけた職業的知識や技能

---

9　本文で述べた以外にも、一九六〇年代の「高校多様化」政策には、戦略的な「ハイタレント・マンパワー」養成への期待に見られるように、露骨に能力主義的な「差別・選別」の論理が見え隠れしていたという特徴もある。この政策の評判を落としたさらなる原因でもある。

10　ただし、高校全入運動の少なくとも初期においては、保護者の要求は、職業科に対しても親和的であったという指摘もある。佐藤浩章「父母・生徒の『普通科志向』の定着過程」『北海道大学教育学部紀要』第七七号、一九九八年、を参照。

――六〇年代の「高校多様化」政策は、この知識・技能の養成にこそ腐心したのであったが――ではなかったのである。

身も蓋もない話になってしまうが、これは、高校教育の側から見れば、いわば「棚ボタ」による「難題」の一次的な回避である。当時の「高校多様化」政策への反対者が主張したように、後期中等教育段階での「(早期の)進路分化」を避ける高校制度を維持できたことは、それ自体としては善でも悪でもない。それは、たまたまこの時期の新卒労働市場の「需要」に合致したと言うべきであろう。

もちろん、より正確に見ておくならば、この時期の日本企業が「日本的雇用」慣行を確立し、その後に続く「新卒一括採用」に踏み切ったのは、そのことが、企業側にも少なくないメリットをもたらしたからである。何より、高度成長期の「採用難」のなかでも、企業は、高校側との「実績関係」などを活用しながら、新卒者を安定的に採用することができた。また、長期雇用を前提とした企業内教育を通じて、新卒の若年労働力を企業側の都合のよいように育成することが可能となり、配置転換を通じて、技術革新や産業構造の転換に合わせた柔軟な人的資源管理を行うこともできた。これらは、「金の卵」が中卒から高卒へと移行しつつあったこの時期において、企業側が得ることになった大きな恩恵にほかならない。

ただし、量的には少数派に転落していったとはいえ、職業学科の場合には、地域の産業構造や労働市場の動態の影響を受けつつも、基本的には高校における職業教育の内容を介在させて、産業界(労働市場)との「接続」を果たしていたことを看過するわけにはいかない。このことは、一九九〇年代以降になって、企業が普通科高校に対する求人を激減させてからも、職業科に対しては、一定数の求人を出し続けたことにもつながっていく。普通科と職業科の違いは、六〇年代においては「潜在化」していたが、その後の「日本的雇用」慣行の縮小・再編とともに、あからさまに「顕在化」する。九〇年代以降の高校の「困難校」問題が、専ら「普通科底辺校」問題として現出するようになった11のは、まさにそれゆえである。

## 5　一九七〇年代以降の高校教育政策

さて、一九六〇年代「高校多様化」政策の頓挫を経て、七〇年代以降の高校教育政策は、明らかにその政策原理を「転回」させていくことになった。端的に言えば、高校（とりわけ職業学科）の教育内容を産業界と接続させるといった政策的関心は急速に色褪せ、未曾有の経験として極限にまで「大衆化」した高校をどう存立させるか、「多様化」した生徒の実態に応じた高校教育の制度と内容と方法をどう創っていくかという点に、専ら関心を集中させていったと見ることができる。それが可能となったのは、産業界との接続については、すでに述べたように、「新卒一括採用」と「日本的雇用」慣行との接合という「盤石な」――と、同時は見えたであろう――基盤が存在していたからである。

11　朝比奈なを『見捨てられた高校生たち』学事出版、二〇一一年、などを参照。

こうした視点から見れば、一九七一年の中央教育審議会答申「今後における学校教育の総合的な拡充整備のための基本的施策について」は、部分的には一九六〇年代の教育計画論の発想を引き継ぎ、「学校教育の総合的な拡充整備」という枠を維持しつつも、教育政策の構想としては、すでに「多様化＝個性化」という新たな政策原理の地平を開いていたと見なすことができる。つまり、大胆に定式化してしまえば、そこでの「多様化」は、六〇年代のような産業界の人材需要に合わせた高校制度や教育内容の「分化」ではなく、実態としての生徒の多様性に応じた制度の「柔軟化」（＝個性化）を意味したのである[12]。

そして、一九七五年に設置された都道府県教育長協議会のプロジェクトチーム報告書『高校教育の諸問題と改善の方向』（一九七七年）では、高校関係者自らが、こうした新たな政策原理に基づいて、「新しいタイプの高校」（中高一貫校、単位制高校、普通科・職業科一体の高校、集合形態をとる高校、等）のアイデアを提唱することになった。ここにある「新タイプ高校」のアイデアは、その後、八〇年代の臨時教育審議会での議論などにも影響を与え、多くは、実際に何らかのかたちで現実化したものである[13]。

さらに、一九八四年の文部省通知[14]は、「適格者主義」の意味内容の変更を通じて、この時点での高校教育が、その制度的な「統一性」を維持することが困難となり、多様な生徒の実情に応じた教育課程を実施していかざるをえないことを、文部省じしんが認めたものとなった。高校入学者の要件として、かつての一九六三年通知では「高等学校教育を受けるに足る資質と能力」としていたのに対し、ここでは「各高等学校、学科等の特色に配慮しつつ、その教育を受けるに足る能力や適性等」（傍線は、筆者）と、巧みに改められていたのである。

実際、こと細かに史実を跡づけることは避けるが、一九七〇年代以降、とりわけ八〇年代の臨教審以降の高校教育政策は、九五％に至る進学率を誇る、大衆化した高校制度が受け入れた多様な生徒の実態に合わせるべく、教育課程や教育内容の弾力化・柔軟化、学校制度の多様化・複線化、入試制度の多様化・多元化を進めてきた。

六〇年代の「高校多様化」が、職業学科をターゲットにしていたとすれば、臨教審以降の時期の「新多様化」政策は、職業科の学科再編等を含みつつも、主要には普通科をターゲットにしていた。それは、高校制度の「膨らみすぎた」部分に占める普通科高校こそが、生徒の実情に合わせた「現実的」な改革を必要としたからである。「個性化」や「個性尊重」は、そうした高校政策を導く理念であり、政策原

12　黒崎勲『現代日本の教育と能力主義』岩波書店、一九九五年、はこうした教育政策の政策原理の転換を、臨時教育審議会を経た一九九〇年代初めの「新しい学力観」政策に見ている。本稿の立場は、九〇年代における決定的な政策「転換」への地ならしは、すでに六〇年代の「高校多様化」政策の挫折後から準備されていたとするものである。

13　鈴木慶一『新タイプの高校とは何か』労働旬報社、一九九〇年、耳塚寛明ほか編『多様化と個性化の潮流をさぐる』学事出版、一九九六年、などを参照。

14　文部省初等中等教育局長通知「公立高等学校の入学者選抜について」一九八四年七月二〇日。

理であった。

審議会関係の政策文書などを丹念に読めば、確かにこの時期の文書においても、「社会の変化や産業構造の転換への対応」といった文言が、「枕言葉」とされることはあった。しかし、実質的に高校教育改革が対応しようとしたのは、生徒の学習意欲の喪失や非行・逸脱行動であり、高校中退の防止、生徒の実情、適性や進路に見合った高校教育の内容を提供することであったのである。

## 6 高校教育の〈自律システム化〉

こうして一九七〇年代以降の高校教育は、産業界（労働市場）との接続という観点ではなく、専ら教育制度内部の事情に応じて「改革」を繰り返すものとして、〈自律システム化〉していく。高校教育政策は、時にはこうした動向を牽引し、時には「後追い」するものとして機能していく。

高等学校学習指導要領の変遷を見れば、すべての生徒に履修させる必履修教科・科目の単位数は、改訂を経るたびに減少し、一九六〇年代の七〇単位以上から、現在では三一単位にまで減少している。卒業に必要な最低単位数も、八五単位から七四単位へと大幅に減少している。「ゆとり教育」や学校完全五日制の導入の影響もあるが、こうした推移には、明らかに進学率の上昇によって多様化した生徒への対応という側面を見ないわけにはいかない。

さらに、職業教育を主とする専門学科においては、職業に関する専門教科・科目が設置されているが、その最低単位数は、一九六〇年代の三五単位から、現在では二五単位にまで減少している。この間、産業界の労働力要求は、当然のことながら高度化している。それにもかかわらず、職業教育の最低単位数を減少させるという事実は、一九七〇年代以降における高校教育が、いったいどこを向いてきたのかをはしなくも暗示していよう15。

そして、周知のように、「新卒一括採用」を通じた「日本的雇用」慣行との接続という、高校側にとっての幸運な環境条件は、一九九〇年代以降しだいに崩れていくにもかかわらず、高校の〈自律システム化〉を前提とした高校教育政策の基本的性格は、驚くべきことに、二〇〇〇年代を超えた現在にまで引き継がれているように見える。例えば、この間の教育政策においては、入試制度の改変（学区の拡大）や学校評価の導入を通じて、高校間の競争の活性化が仕掛けられてきた。しかし、そこでの競争は、大学進学実績を縦軸とし、教育課程上の若干の「特色」を横軸にした基準のもとでの競争であり、それぞれの高校の教育の内実が、社会のニーズにどれだけ合致しているのかをめぐる競争ではない。

また、一九九〇年代半ばの総合学科の新設も含めて、この時期に登場してきた新しいタイプの高校、

---

15　もちろん三五単位から二五単位への減少は、あくまで高等学校学習指導要領が示す最低基準である。職業教育を主とする多くの専門学科や専門高校では、学校の教育課程編成によって、二五単位を超える職業に関する教科・科目を確保しているケースが圧倒的である。寺田盛紀『日本の職業教育』晃洋書房、二〇〇九年、を参照。ただし、近年では、専門学科や専門高校からの大学進学者が増加しており、各学校は、教育課程上、普通教科・科目を強化する必要にも迫られている。

多部制の定時制高校や新たな専門学科、自治体の指定による「進学指導重点校」「チャレンジスクール」「エンカレッジスクール」等は、高校システム内部での生徒（中退の経験者も含む）の多様な実態とニーズに即して、制度の「多様化＝個性化・弾力化」をはかろうとするものである。けっして社会のニーズを意識して設置されたわけではないと理解せざるをえない。

もちろん、「自律化」した高校教育と産業界（労働市場）との接続は、前者が後者の人材ニーズに「直接的に」、あるいは「従属的に」応えるという関係だけで成立するわけではない。相互のシステムの自律性を担保しつつ、「間接的」な照応関係を保つということも考えられる。それは、例えば高校内での生徒評価が、ペーパー試験で測られる成績に基づいた学業評価だけではなく、関心・意欲・態度を含んでなされることと、企業内における労務管理が、単純な業績だけではなく、会社への忠誠心といった「人格的要素」を含んでなされることとの照応関係である。あるいは、「高校で展開される柔軟な学習」が、「第三次産業を中心とする職場で求められる労働力の柔軟性」に、「知識の活用を軸とするPISA型学力」が、「知識基盤社会で求められる柔軟な知識労働に必要な諸能力」と照応するといった関係である。

こうした関係は、「間接的」とはいえ、高校システムの社会的な存立基盤を考えるうえでは、重要なポイントである。その際、注視されるべきは、単なる「照応」関係だけではなく、実際には齟齬や矛盾を含んで展開しているはずの産業界（労働市場）と高校教育との「接続」関係を、総体としてどう把握するのかという点であろう。ただし、今はこれを論じきるだけの準備がないので、今後の課題としたい。

ただ、一点だけ述べておくと、「知識基盤社会」化の進行は、そこで求められる労働力を二極化させる。一方での、創造的な知識労働を担う少数の中核的な労働者層と、他方での、対人サービスや定型的な業務に従事する多数の周辺的な労働者層である16。こうした現実と高校教育が「照応」し、適切な「接続」関係を持っていくためには、高校教育の多様性は、実質的には「複線」的な展開を含んで展開していくことを射程に入れざるをえなくなる。しかも、そうした「複線」的な展開の構想を、「差別・選別の論理」としてはなく、生徒自らが選びながら発達するという「青年期教育の論理」として併せ持たなくてはならない。今日の高校教育政策には、ある意味で、どこまでこの論点に踏み込むつもりがあるのかが試されているとも言えよう17。

16 例えば、R・ライシュ（中谷巌訳）『ザ・ワーク・オブ・ネーションズ』ダイヤモンド社、一九九一年、を参照。
17 中央教育審議会答申「二一世紀を展望した我が国の教育の在り方について」（一九九七年）は、「現行の学校制度については、その複線化構造や柔軟化・弾力化を進め」るとして、「複線化」に言及していた。しかし、そこで具体的に提起されたのは、中高一貫教育の導入であり、教育上の例外措置（「飛び入学」）といった、制度の柔軟化を促す部分的変更にすぎなかった。

## 7 高校教育システムの〈臨界点〉

少し先走ったので、元の文脈に戻ろう。一九七〇年代以降の高校教育政策が、産業界（労働市場）との接続という政策的関心を後退させ、高校教育そのものが〈自律システム化〉したのは、すでに述べたように、高卒後の進路に関して（進学者に関しては、専門学校あるいは大学を経由するが）、「新卒一括採用から日本的雇用（企業内教育）へ」というルートが、堅固に確立していたからであった。しかし、周知のように、一九九〇年代以降、こうした前提はもはや崩れつつある。

これは、現在の高校教育にとって根本的な「困難」であり、喫緊の対応が望まれる課題でもある。進学ではなく就職という進路を希望した高卒者のうち、少なくない者たちが、「日本的雇用」の世界に移行していけない（専門学校や大学を経由した場合でも、同様の状況に直面させられる）。そうした、「企業内教育」がカバーする範囲からこぼれてしまう高卒者の割合は、二〇〇三年には一〇・五％にまで達している。高校教育は、彼らがどこで、どうやって職業能力開発を含めたキャリア形成をしていくのか、その道筋を提示し、その道を辿っていくための基礎的力量の形成という課題を引き受けなくてはならないはずなのである。

これは、言い換えれば、一九七〇年代以降、すっかり「自律化」してしまった高校教育システムのあり方を再設計し、再び産業界（労働市場）との「接続」関係を取り戻す必要があるということでもある。しかも、従来のような「日本的雇用（企業内教育）」との接続という仕方だけにはとどまらない、多様なチャンネルが準備される必要がある。

それはまた、産業界の個別化された人材需要に「直結」するという意味での「接続」関係だけではない。むしろ、今後は、個人が自律的に自らのキャリア開発の主体となって、（企業とわたりあったり、転職や起業などを試みたりすることを含めて）職業世界を漕ぎ渡っていくことが主流になろう。そうした意味では、ここで述べてきた、高校教育が取り戻すべき産業界（労働市場）との接続は、より正確には「職業社会との接続」であると言うべきである。

いずれにしても、高校教育はもはや、学習意欲や能力の問題、学校生活への適応といった視点に限られた、「多様な生徒の実態」に応えるための「改革」にだけ明け暮れていてよいはずがないことだけは確かである。ただ、にもかかわらず、今日の高校教育の現場においては、こうした根本的な「課題」の存在が、どれほど認識され、意識されているのだろうか。

高卒での就職希望者を抱える専門高校や普通科の「進路多様校」、とりわけ、高校の就職斡旋を通じて「新卒就職」のルートに乗せることが難しい生徒を数多く抱えている「教育困難校」などにおいては、こうした課題意識が共有されている可能性がある。しかし、それ以外のほとんどの高校においては、現在では〈自律システム化〉した高校教育の存立基盤が土台から崩れてきたにもかかわらず、そのことに対して関係者の意識が向いていないのではないか。

なぜ、そんなことになるのか。当然といえば当然であるが、高卒後の進路構造における「進学率」の急上昇のゆえである。専門学校と大学を合わせれば、八割以上の生徒が上級学校に進学するという事態が、高校教育の根本的な「危機」を、あたかもそれを危機であるとは感じさせない「回路」を成立させてしまっているのである。

　職業分野と密接に結びついた専門学校や大学の理系学部への進学であれば、高卒後の教育機会においても、職業（専門）教育を受ける機会が担保されていよう。しかし、それ以外の学校・学部への進学の場合には、高校段階で抱えていたはずの困難や課題は、単純に「先送り」される。だからこそ、大卒においても、この二〇数年「就職難」が恒常化し、多くの大卒者が、初職を非正規雇用からスタートさせざるをえない状況が続いている。大卒の「無業者」の割合は、二〇〇三年には高卒「無業者」の比ではなく、二二・五％にまで及んでいた。高卒時には「先送り」され、「潜在化」された矛盾が、専門学校卒あるいは大卒時点で「顕在化」していくのである。

　言い方は良くないかもしれないが、五割を超えるに至った大学進学率の上昇は、高卒就職の極端な状況悪化（求人数の減少）によって「後押し」されたことは間違いない。しかし、そうして回避された困難や矛盾は、大卒の時点で増幅されて顕在化する。こうした見方からすれば（極論であることを承知で言うが）、高卒後の進路における進学率の上昇は、高校教育の「成果」であるというよりは、むしろ「失敗」の証左であるとも言えるのではないか。

## 8　今日における高校教育政策の課題

以上のように見てくれば、今日の高校教育が直面する「困難」、そして高校教育政策が対応すべき「課題」は、かなり明瞭に浮かびあがってくるのではないか。教育課程や教育内容の詳細に立ち入った考察をする余裕はないので、制度論を含めた概括的な展望についてのみ問題提起を試みてみたい。

現在の高校生の卒業後の進路ルートは、大きく括ってしまえば、以下のようになる。

| |
|---|
| ①　高校（職業教育あり）↓就職 |
| ②　高校（職業教育なし）↓就職 |
| ③　高校↓上級学校（職業的レリバンスあり）↓就職 |
| ④　高校↓上級学校（職業的レリバンスなし）↓就職 |

問題提起の要諦は、こうした卒業後の進路コースの実態を見すえたうえで、それぞれのコースに実質的に必要な改革を施し、その意味や教育効果を担保していく必要があるのではないかという点に尽きる[18]。それは、別の言い方をすれば、進路指導の場面などでこれまで学校現場に強い影響力を発揮して

18　熊沢誠『働き者たち泣き笑顔』有斐閣、一九九三年、を参照。

きた「進路分化をできるだけ遅らせることに価値をおく進路・職業選択理念」[19]を打ち捨てるということでもある。今日の高卒後進路において、もっとも困難・矛盾が深刻化しているのが、②および④のルートであり、これこそが「進路分化をできるだけ遅らせることに価値をおく進路・職業選択理念」を体現したものにほかならない。そうである以上、ここに手を付けずに、現在の高校教育改革を見通すことはできないはずである。

具体的には、まず①であるが、量的には少数派になったとはいえ、高卒後に社会に出る生徒たちが存在することを前提として、専門学科や専門高校の教育をどう再構築するかという課題がある。たとえ専門高校であっても、学校斡旋の新卒採用を通じて正規雇用に移行できるわけではない層が登場してきていること、正社員として就職できても、初期キャリアのうちの離職が後を絶たないことを見すえて、産業界の実情に見合った職業教育の内容強化をはかり、同時に、「職業（専門）的スキルを持って職業世界を渡っていく」ことについてのキャリアガイダンス機能（キャリア教育）を強める必要があろう。

前者では、現行の普通教科・科目と職業教科・科目のバランスは、職業教育寄りに見直されてよいし、三年間の教育課程修了後の専攻科の設置などが構想されてもよい。後者においては、「働き方」（職業生活の漕ぎわたり方）についての学習とともに、労働教育や労働者権利教育としてこれまで蓄積されてきた教育が、重要な一角を占めることになろう。

②のルートを提供する普通高校の場合、在学中には職業（専門）能力形成が見込めないという制約が、致命的な制度的「欠陥」である。普通科であっても、学校設定教科・科目として職業に関する教科・科

目を設置することのほか、卒業後の公的職業訓練機関との連携を手厚くする、在学中であっても産業界との連携によって、長期有給インターンシップや「訓練生」的な職業教育機会を創出していくことなどが模索されてしかるべきであろう。

③の場合、職業社会との接続に責任を負うのは、基本的には上級学校であって、高校ではない。しかし、専門学科（専門高校）からの大学進学の場合、入学後に学力や意欲不足のため、大学の教育課程に付いていけない者が存在しているという現実もある。そのことへの対応が必要になるだろう。実際には、同一の専門学科（専門高校）の内部に、就職希望者と進学希望者が同居している以上、生徒のニーズと、就職先・進学先から求められるニーズに合った教育内容を保障していくためには、「コース制」の導入などの大胆な措置が求められるかもしれない。

④のルートも、②と同様の困難（問題性）を抱えている。上級学校、特に大学の側がその教育内容の職業的レリバンスを強めていくことが基本であるが、高校側の進路指導にも求められることがある。それは、「進学すれば何とかなる」といった「幻想」を捨てさせるとともに、ジェネリック・スキルを駆使して、「知識基盤社会」における知識労働者として活躍していくような層は、同世代のほんの一握りでしかないという「冷厳たる事実」を、生徒にも保護者にも徹底して伝えていくことが求められよう。

19　乾彰夫「進路選択とアイデンティティの形成」堀尾照久ほか編『子どもの癒しと学校』「講座学校」第四巻、柏書房、一九九六年、二一四頁。

制度論としては、中・長期的には②のタイプの学校・学科は、極力減らしていく必要がある。また、④も、今後の日本企業が、「新卒一括採用」すなわち「大卒時点での専門性を問わない採用」をどれだけの規模で続けていくのかという見通しとの関数ではあるが、そのボリュームを精査していくことが必要となろう。

もちろん、こうしたかたちで高校教育の、卒業後の進路コースを見すえた「実質化」を構想することは、高校入学後の生徒の進路変更を認めないということではない。年齢主義にとらわれることなく、転校や転学科が、現在よりもはるかに柔軟に可能になるような仕組みづくりが求められることも言うまでもない。

# 2章　戦後教育学における労働と職業

1章では、戦後の高校が、しだいに職業社会〈産業界〉との適切な「接続」関係を構築するという課題から遠ざかり、教育制度内で〈自律システム化〉することで、結果としては、高校教育の意味や意義を事実上「空洞化」させてしまい、多大な困難や課題を抱え込んでいくプロセスを描いた。

「教育と職業の密接な無関係」[1]という、一見「奇抜な」表現があるが、これも1章で見たのと同様の事態を指している。大学を含めた学校教育は、生徒や学生の卒業後の職業キャリアに大きな影響を与えるという意味で、教育と職業は「密接な」関係にある。しかし、彼らが学校で受けた教育の中身と卒業後に実際に従事する仕事とは、多くの場合「無関係」なのである。すでに指摘したように、「新卒一括採用」と「日本的雇用」慣行の接合こそが、この「密接な無関係」を成立させるわけであるが、これは、学校教育の側にとっては、実は「危険な関係」である。

一つには、一九九〇年代以降、「日本的雇用」が収縮をはじめ、新卒の就職難やフリーター、非正規雇用の増加に象徴されるように、かつては良好に機能していた「学校から職業への移行」プロセスに軋

1　濱口桂一郎『若者と労働』中央公論新社、二〇一三年、一三七頁。

みが生じはじめたということもあるが、それだけではない。教育と職業の「密接な無関係」は、最初から学校教育の意味を「空洞化」させるモメントを有していたのである。端的に言ってしまえば、この「密接な無関係」のもとで学校教育が果たすことができるのは、生徒や学生の序列上のポジションを示す「シグナリング」の機能だけであって、教育の実質的な意味や効果を問われたり、試されたりすることはないからである。当然、生徒や学生は、教育の中身に意味を感じて学習するのではなく、自らのシグナル上のポジションを上げるという目的のためにのみ学習に向かう。もちろん、そうした競争的な学習には乗ってこない者も登場してくる。1章で述べた高校教育の「空洞化」とは、まさにこのことにほかならない。

なぜ、そうなってしまったのか。学校教育が、「日本的雇用」慣行を前提とした労働市場に引っ張られ、教育政策もそれを追認したという要因はあるが、より根本的には、戦後の教育研究もまた、そうした教育と職業社会との「密接な無関係」を許容してきたという問題性が潜んでいるのではないか。こうした問題意識から、戦後の教育学が、そもそも労働や職業をどう位置づけてきたのかを批判的に吟味することが、この章の目的である。

## 1 「戦後教育学」創成期の教育研究にとっての労働・職業

戦後の教育研究が労働・職業をどう位置づけてきたのかについて、まずは戦後教育学の「創成期」に焦点を当てて見てみたい。もちろん、厳密な意味での学説史研究を試みるわけではないので、以下の考察は、それぞれの理論的系譜の特徴を素描することにとどまるが。

### (1) マルクス主義教育学

戦後の教育研究と労働・職業との関係を探るにあたって、注目しておくべき理論的な系譜の一つとして、マルクス主義教育学がある。ここで言う「マルクス主義教育学」とは、マルクス、エンゲルスの共産主義思想を淵源とし、クルプスカヤやマカレンコなどの教育思想、あるいは、社会主義体制成立後の旧ソビエト連邦や旧東ドイツの教育学の影響を受けた諸研究のことを指している。

矢川徳光、五十嵐顕[2]らをはじめとするこの系譜の教育研究は、「創成期」戦後教育学のど真ん中に位置づくことはなかったとしても、後に触れる(東京大学教育学部の教授陣に代表されたような)主流派の教育研究に対しても、大きな影響を与えていた。両者の関係性は、戦後初期の日本の思想界において、リベラル派知識人による「戦後啓蒙思想」[3]とマルクス主義とが、戦前日本の国家・社会体制への批判を踏まえて、戦後日本社会の民主化をめざすという点で「共同歩調」を取っていたという事情とも

2 矢川徳光『マルクス主義教育学試論』明治図書出版、一九七一年、五十嵐顕『民主教育論』青木書店、一九五九年、などを参照。

3 吉田傑俊『戦後思想論』青木書店、一九八四年、を参照。

符合する[4]。

マルクス主義教育学の特徴は、教育の「階級性」という視点を明確にし、社会主義に基づく国家の建設に奉仕する教育を標榜した点にあるが、教育理論として見た場合には、教育の理念・目標として、「全面発達」を掲げた点が挙げられる。その背後には、労働こそが人間を「人間」にしてきたというマルクス・エンゲルス由来の人間観・労働観があり、そこから、肉体労働と精神労働の分裂を止揚する「全面発達」を実現するために、「生産労働と教育の結合」が必要であるとされた。その現実的な形態として提唱・実践されたのが、「総合技術教育（ポリテフニズム）」にほかならない。

もちろん実際には、資本主義体制下の戦後日本社会において、どのようにマルクス主義教育学の理想を実現していくのかに関しては、さまざまな論点（争点）があったし、議論の対立も存在していたが、ここでは立ち入らない。ただ、注意を喚起しておきたいのは、マルクス主義教育学の議論においては、「教育本質論」的な視点からの「労働」への言及は豊穣であったが、その反面、「職業」に対してはきわめて寡黙であったという事実である。

佐々木享の言葉を借りれば、「総合技術教育はその思想としても、実際においても、そのうちに分化した専門教育を行なうことをふくんではいない」[5]のである。めざすべきは、社会主義国家の建設であって、現実の資本主義体制下における職業的分化に、子どもたちを適切に適応させていくということではなかったからであろう。その意味で、マルクス主義教育学は、「職業なき労働教育」という構図に基づくものであったのだが、それは、現実の社会主義諸国においても、国民の職業選択の自由は、事実上の制約を受けていたという事情ともけっして無関係ではなかろう。

### (2) 生産主義教育論

一九五〇年前後から宮原誠一が主張した「生産主義教育論」は、マルクス主義教育学のような社会主義国家の建設ではなく、戦後日本の産業復興に貢献しうる教育の構築をめざすものであったが、両者の立論の構造は、思いのほか似ている。

宮原によれば、日本の独立のためには「産業の復興」と「平和の維持」が不可欠であり、前者の課題に取り組むのが、「産業のための教育」である[6]。実は、一九五一年には産業教育振興法が成立していることもあり、宮原の生産主義教育論は、日本資本主義の復活プロセスにおける産業界の要求に、教育を従属させてしまうのではないかとも危惧されていた[7]。しかし、宮原の真意は、もちろんそこにはなかった。

4 石井伸夫ほか『モダニズムとポストモダニズム』青木書店、一九八八年、を参照。
5 佐々木享『高校教育論』大月書店、一三四頁。
6 宮原誠一「生産主義教育論」『中央公論』一九四九年一〇月号、中央公論社、「生産教育の概念」『教育』一九五二年一一月号、国土社、を参照（以下の宮原への言及も同じ）。
7 平湯一仁「生産と教育」『教師の友』一九五二年九月号、日本基督教団出版局、を参照。

「生産のための教育」は、産業界の現在の秩序に適応するための教育ではなく、それをつくり変え、新しい産業秩序を創りだしていくための教育である。そこでは、肉体労働と精神労働の分裂を止揚することがめざされ、その担い手たる国民は、「科学的生産人」として、「国民科学的素養」を高め、「共働的な行動」の方法を身につけておく必要があるとされる。こうした方向で、いわば、「下から上までのすべての学校教育を通して、全く白紙から、生産を中心としてカリキュラムを編成する」ことが、「生産のための教育」の本旨であり、そのカリキュラムのミニマム・エッセンシャルズを確定していくことが、生産主義教育論の喫緊の課題であるとされたのである。

このように見てくると、宮原の生産主義教育論に対しても、マルクス主義教育学に対するのと同様の指摘をせざるをえないことがわかる。生産主義教育論は、「生産」について豊穣に語っているとはいえ、それは、一種の「教育本質論」の視点からの言及にとどまっている。船山謙次が喝破したように、宮原の生産主義教育論の核心は、「青少年が職業的分化に入るまえに、生産中心の一般陶冶をくぐらせるということ」[8]にあった。コアにあるのは、「生産中心」の視点で編成される「一般陶冶」（普通教育）なのである。その意味で、「職業」や「職業的分化」そのものが議論の主題とされることは、ほとんどなかったと言わなくてはならない。

### (3) 「新しい教養」論

「創成期」の戦後教育学の確立にもっとも尽力した論者の一人に勝田守一がいることは、おそらく大方が認めるところであろう。では、勝田の教育学において、労働・職業と教育の関係は、どのように把握されていたのか。

勝田は、学校の機能を「社会的統制の機能、職業的訓練の機能および文化価値の内在化〈教養〉の機能」[9]に分ける。ここで、「職業的訓練」に言及されていることは注目に値するが、しかし、厳密に読んでみると、勝田の真意は、学校が担う職業教育の意義を強調することにはなかった。「学校はあらゆる職業準備の教育の前提となり、基礎となる有用な知識と技能の訓練を期待されている」[10]。つまり、「将来のできるだけ多くの可能性」[11]を担保することが、学校の役割であると把握されていたのである。こうした点を含んで、勝田の教育論においては、寺崎弘昭も指摘するように、「〈教養〉の形成こそが学校の機能の総括概念として措定されている」[12]。

8　船山謙次『戦後日本教育論争史』東洋館出版社、一九六三年、二三四頁。とはいえ、宮原が必ずしも職業教育を軽視（否定）していたわけではなかった点については、江口潔「職業教育――戦後教育学における一般的教養と技術」森田尚人ほか編『教育思想史で読む現代教育』勁草書房、二〇一三年、も参照。
9　勝田守一「学校の機能と役割」『教育と教育学』岩波書店、一九七〇年、四三七頁。
10　同右、四四六頁。
11　同右、四四七頁。
12　寺崎弘昭「勝田守一における『人間学としての教育学』」皇紀夫ほか編『日本の教育人間学』玉川大学出版部、一九九九年、九〇頁。

それは、勝田がランジュバンの言葉を借りて言うように、職業は「人間を孤立化させる」のに対し、「教養は互いに接近させるもの」[13]だからでもある。もちろん、ここで主張される「教養」は、戦前期におけるようなエリート主義的で、観念的な、ある意味「手垢のついた」教養のことではない。しかも、勝田はまた、エリート主義ではない「ヒューマニスト的」な意味での教養は、「全面発達」の理想と結びつくものであり、教養の基礎には、労働や職業があるべきことを鋭く指摘していた。そうした視点から、「教養の実質的な過程は、社会的な職業に必要な技術と知識の学習以外のしかたでは成立しない。一切の特殊化を恐れて、その技術と知識とを離れて、教養の独自な内容を求めるのは幻想にすぎない」[14]とまで主張していたのである。

こうした意味で、勝田の教育学は、マルクス主義教育学が依拠する人間観や労働観を共有していたが、職業（準備の）教育を否定していたわけではない。宮原の生産主義教育論が、「青少年が職業的分化に入るまえに、生産中心の一般陶冶をくぐらせる」ものだったとすれば、勝田は、青少年が職業的分化に入るまえに、「新しい教養」をくぐらせる必要性を説いたと言えるのかもしれない。宮原の教育論が、社会的課題の次元での教育目的（＝生産の復興）を持ち込むことを主眼として、「職業的分化」以降のことを論じなかったのだとすれば、勝田の教育学は、個人の「教養」や「全面発達」という教育目的を持ち込むことに眼目があり、やはり勝田自身が、職業（の準備）教育について詳しく論じることはなかったと言えよう[15]。

## 2　「労働・職業と教育」研究の視角／死角

### (1)　「労働」への饒舌、「職業」への寡黙

結局、戦後教育学「創成期」に、「労働」はともかく「職業」を真正面からの研究の対象に据えていたのは、戦後教育学にとってはいわば「傍系」に位置した、技術教育や工業、農業、商業などの職業教育をテーマとした研究群、戦前以来の産業教育（実業学校等）の発展史を精査した諸研究、あるいは諸外国における職業教育・訓練について考察した研究群であった。これらの諸研究は、きわめて具体的に職業や職業教育について言及したが、しかし、それが、戦後教育学の「主流派」の教育理論に対して大きなインパクトを与えたという形跡はなかったと判断せざるをえない。いわば、「棲み分け」状態が成立していたと想像される。

そうした意味で、戦後教育学を色濃く特徴づけるのは、「労働」についての豊穣な語り（悪く言えば、饒舌）と、「職業」についての寡黙である。饒舌と寡黙のあいだをつないだのは、大胆に言ってしまえば、戦後教育学に巣くったある種の「普通教育主義」ではなかっただろうか。

13　勝田守一「能力と発達と学習」『勝田守一著作集第六巻』国土社、一九七三年、二〇八頁。
14　同右、二一六頁。
15　この点では、寺田盛紀が、勝田の理論を「職業（教育）否定の『人間的価値論』」と結論づけたのは、やや乱暴な決めつけであろう。『日本の職業教育』晃洋書房、二〇〇九年、三六頁。

誤解のないように、急いで付け加えておくが、「創成期」戦後教育学は、職業や職業教育を否定したわけではまったくなかった。そこでの理論は、基本的には「普通教育＋専門（職業）教育」という段階論的な構図を、明示されている場合もあれば、ない場合もあるが、前提としていた。しかし、同時に、「創成期」戦後教育学の主流派が、もっとも腐心して自らの教育学の理論化に取り組んだのは、「全面発達」の理念を前提とし、労働や職業へのモメントを含んだ「新しい普通教育」を創造するという課題であった。それは、子どもと若者が、普通教育の後に専門（職業）教育を受け、「職業的分化」へと進む際、それが「偏った」「狭すぎる」「早すぎる」専門分化に陥ることを防ぐために必要なことであると意識されていた。その発想は、何より戦前日本の教育制度が、早期からの「複線型」になっていたことへの反省に基いてもいた。こうした戦後教育学の真意を見誤ったうえで、それを「普通教育主義」と呼ぶのは、けっしてフェアな態度ではない。

ただし、そのことを自覚したうえであえて言えば、「創成期」戦後教育学の理論においては、「普通教育＋専門（職業）教育」を前提とするにもかかわらず、実質上、後者についてはほとんど語られなかった。それは、なぜなのか。分化した専門（職業）教育は、どの学校段階から開始されるべきなのか。分化していく専門を選ぶ際の選択基準や原理は、いかにあるべきなのか。そもそも専門（職業）教育は、いかなる教育原理に基づいて実施されるべきなのか。――こうした問いに対して、「創成期」戦後教育学は、驚くほどに寡黙であったのである。

そして、当初は専門（職業）教育の理論の「未展開」という自覚を含みつつ、「方法的な限定」という意識のもとに立論された普通教育中心の戦後教育学は、その後の時間の経過とともに、そして後に詳述するように、戦後日本に独特の学校制度と労働市場との「接続」様式が確立していくとともに、しだいに「未展開」や「限定」という意識を希薄化させ、いつの間にか、言葉の本来の意味での「普通教育主義」へと転調していったのではあるまいか。――これが、本書の見立て（仮説）にほかならない[16]。

### (2) 一九六〇年代高校「多様化」政策への批判

いま述べた仮説を裏づけるように、「創成期」の理論を引き継いだ（その後の）戦後教育学「主流派」にとって、エポック・メイキングな「事件」がいくつかある。その一つは、1章でも触れたが、一九六〇年代に展開された「高校多様化」政策に対する戦後教育学「主流派」の反応である。

周知のように、六〇年代「多様化」政策のねらいは、高度経済成長下における産業構造の急速な転換を背景として、将来の労働力需要の予測に基づいて、高校の職業学科の再編を進めることにあった。確かに、この政策は、「教育はそれ自身目的を有しない」[17]といった教育観を理論的背景に持ち、ひと握りの「ハイタレント・マンパワー」の発見と養成への期待に象徴されるように、露骨に能力主義的な「差

16　ここで言う「普通教育主義」は、乾彰夫の言葉を借りれば、「進路分化をできるだけ遅らせることに価値をおく進路・職業選択理念」と言ってもよい。乾彰夫「進路選択とアイデンティティの形成」堀尾照久ほか編『子どもの癒しと学校』講座学校第四巻、柏書房、一九九六年、二一四頁。

17　清水義弘『二〇年後の教育と経済』東洋館出版、一九六一年、五九頁。

別・選別」の論理を顕わにしていた。さらに、職業学科の拡張・再編を意図したそれは、普通科の新増設を求めた当時の高校全入運動や、それを背後で支持した広範な人々の教育期待を真っ向から裏切るものでもあった。

こうした「高校多様化」政策に対して、当時の戦後教育学の論調が、猛烈に批判的であったことは言うまでもない。その背景には、一九五〇年代半ばの「逆コース」以降の教育界においては、「教育政策（文部省）vs. 教育運動（日教組）」という対立構図が、明確に確立していたということもある[18]。戦後教育学「主流派」の主要な論調は、「高校多様化」政策が、産業界の要求に教育を従属させるものであり、子どもたちの「全面発達」の可能性の芽を摘み取るものであると非難した。要するに、職業学科の拡大・再編をすすめようとする教育計画論は、産業界の要求に沿った「人的資本論」を背景として、子どもたちの能力主義的な「早期選別」を企図するものと全面批判されたのである[19]。

確かに、六〇年代の「高校多様化」政策は、教育政策としていかにも「荒削り」すぎるところがあり、その能力観や人間観にも、問題が多すぎた。したがって、それを批判するところまでは、きわめて正当な応答である。

しかし、それでは翻って、高校段階における生徒の進路分化（普通科・職業科の分化、および職業学科内部での分化）は、いかにすすめられることが望ましいのか。学校教育法に規定された高校教育の目的は、「普通教育及び専門教育を施す」ことにあった。素直に受けとれば、「創成期」戦後教育学が想定していた「普通教育＋専門（職業）教育」における専門（職業）教育への分化は、高校段階において行われても不都合はないはずである。ならば、それは、いかなる教育的な（教育を産業界の要求に「従属」させるのではない）原理に基づいて行われるのか。

「多様化」政策に対しては、旺盛な批判を繰り返した戦後教育学「主流派」が、この点に関して、自覚的な議論を展開したという形跡は、残念ながら存在しない。六〇年代「多様化」政策が持ち出してきた「分化」の原理を批判するのであれば、それに対置すべき「（教育的な）分化」の原理を提起すべきであったと思うのだが、そうした議論は、はたしてなされたのか。「選びながら発達する権利」（大田堯）を有する子どもたちの側が、自主的に選択すべきであるといったナイーブな理解が、おおかたの共通項だったのではあるまいか。

しかし、子どもたちによる自主的な選択の結果が、労働市場の構造にも規定される現実の社会的分業と「予定調和的」に折り合うなどという保障は、実はどこにもない。両者が齟齬をきたした時、それはどこで、どう調整されるのか。この点に関して、当時の議論は、驚くべきほど寡黙であった。その限りで、この時期の戦後教育学「主流派」の議論が、後に黒崎勲によって「子どもの発達を自己目的とす

---

18　こうした対立構図の形成が、戦後教育学に与えた理論的な陰影については、森田尚人「戦後日本の知識人と平和をめぐる教育政治」同ほか編『教育と政治――戦後教育史を読み直す』勁草書房、二〇〇三年、を参照。

19　藤岡貞彦『教育の計画化』総合労働研究所、一九七七年、堀尾輝久『現代日本の教育思想』青木書店、一九七九年、などを参照。

る」ものであり、「社会的分業への分化という課題を事実上、教育の営みの外におこうとするもの」[20]であったと批判されたことには、相応の根拠が存在していたと言わざるをえない。

### (3) 日教組の教育制度検討委員会

いま、戦後教育学「主流派」は、一九六〇年代「高校多様化」政策に対置すべき制度構想を提起してこなかったと書いた。しかし、時期的には遅れるものの、「多様化」政策に対抗する戦後教育学の側の高校制度構想は、まったく提起されなかったわけではない。その貴重な舞台となったのは、日教組が組織した教育制度検討委員会である。

教育制度検討委員会は、日教組中央執行委員会の委嘱を受けて、一九七〇年に発足した。その後、三年半にわたる活動を続け、三次にわたる中間報告と最終報告『日本の教育改革を求めて』（一九七四年）を提出して、その任を終えた。委員会には、会長・梅根悟をはじめとする錚々たるメンバーが参加し、当時の戦後教育学「主流派」が結集する舞台ともなった。委員会の提言の目的は、当時のいわゆる「中教審路線」に対抗すべき教育運動の側の教育改革構想を提示することにあったため、当然のことながら、その内容や論点は、きわめて多岐にわたる。

ここでは、高校にかかわる論点にのみ着目するが、最終報告における高校教育関連の提言の「目玉」は、「新たな総合制の実現」であった。その内容は、端的に「(1)高校は、普通高校、職業高校の別を廃し、すべて総合高校とし、新しい普通教育をおこなう学校とする。現在の農・工・商・水産高校等は総合高校として総合し拡充する。(2)高校は行政区域を基礎とし、一校一学区を原則とする地域総合高校とする」[21]というものである。

後者の小学区制は、戦後初期の「高校三原則」において実現がめざされたが、その後の教育政策の展開によって、一部の地域を除いて、なし崩し的に崩壊したものである。その結果、進学をめぐる競争が加熱し、学校間格差が拡大したことなどに鑑みれば、その実現可能性はともかく、理解できない提言ではない。

問題は、前者に掲げられた「新たな総合制」である。「すべての青年に権利としての高校教育を保障するためには、戦後の高校三原則を今日的に再評価し、新たな地域総合高校が創造されなくてはならない」[22]。つまり、「再評価」の際に注意されるべきは、ここで提言される「新たな総合制」は、かつての「高校三原則」のもとで、一時的・部分的には実現していた「総合制」とは異なるものであるという点である。むしろ、従来の総合制は、「同一校における複数の課程の併置にとどまり、そのままその課程や学科の枠を固定化する」ものとして批判されていた。そうではなく、「新たな総合制」とは、普通課程と職業課程を「撤廃し、新たに統一された単一の教育課程による教育をいう」とされ、「新たな普通

20 黒崎勲『教育の政治経済学』東京都立大学出版会、二〇〇〇年、二一六頁。
21 教育制度検討委員会・梅根悟編『日本の教育改革を求めて』勁草書房、一九七四年、二四二頁。
22 同右、二二三頁。

教育をおこなうことを本旨とする」[23]と主張されたのである。
「地域総合高校」の教育課程は、共通教科と選択教科から構成されるが、専門的に分化した教育内容を含むとされる選択教科も、あくまで「普通教育」として行われる。つまり、「新たな総合制」の提言とは、端的に言ってしまえば、高校段階における職業教育の廃止論なのである。きわめて「大胆」な提言である。しかし、そもそも「普通教育及び専門教育を施す」(学校教育法)とされる高校が、普通教育のみの学校であってよいのかどうかについては、原理的にも検討の余地が残る。また、職業教育を専門とする教育研究者からも、この提言が、職業高校や職業学科が現実に果たしている役割を完全に無視する「空想論」であるとして、痛切な批判を浴びたことはよく知られていよう[24]。

### (4) 教育制度検討委員会とその後

教育制度検討委員会の教育改革提言は、ある意味では一九六〇年代「高校多様化」政策とその後の「中教審路線」に対置される対抗構想であるという性格を有していた。それは、産業界の要請に教育を従属させてしまうような政策路線を斥け、すべての青年に学びの総合性を保障しようとしたものである。しかし、その学びは、実際には「新しい」と冠を付与された普通教育に限定されるものであり、つまりは、高校段階での専門的分化そのものをも斥けるものであった。

繰り返せば、教育制度検討委員会の提言は、「産業界の要請に教育を従属させる」のではない仕方での、教育学的な見識に基づく専門的分化のあり方を提起したのではなく、職業教育を軸とする専門的分化の時期を、ポスト高校段階へと「先送り」したのである。「創成期」戦後教育学が想定していた「普通教育＋専門（職業）教育」は、ここでは、学校階梯を上にあげて実現されるべきものとされ、しかも、専門（職業）教育および専門的分化の具体的なあり方については、またしても議論がなされなかったと言わざるをえない。

教育制度検討委員会の最終報告が出されたのは、一九七四年である。同じ年にはユネスコが、第一八回総会において「技術教育および職業教育に関する改正勧告」を採択している。そこでは、「早すぎる狭い専門化は、避けるべきである」とされ、一五歳を「専門化を開始するための最低年齢」としつつも、技術・職業教育によって「最初の雇用のため」および「雇用の間の効果的な訓練のための完全な専門的準備を提供すること」[25]が強調されていた。

こうした国際的動向に照らしても、後期中等教育（高校教育）の段階において、専門的分化が開始されるということは、いわば「常識」なのではあるまいか。にもかかわらず、教育制度検討委員会の改革提言は、この段階における職業教育を否定し（「普通教育としての技術教育」の位置づけなどを見ると、「職業教育の基礎」を、この段階の教育として提供することには同意していたが）、専門的分化の開始

23 同右、二三七頁。
24 佐々木享（前掲書）、原正敏『現代の技術・職業教育』大月書店、一九八七年、を参照。
25 「技術教育および職業教育に関する改正勧告」第一八回ユネスコ総会採択、一九七四年（永井憲一監修・国際法研究会編『教育条例集』三省堂、一九八七年、二一一三頁）。

時期を「ポスト中等教育」の段階へと「先送り」したのである。ここに見てとれるのは、本書が主張する意味での「普通教育主義」以外の何物でもなかろう。

ただし、急いで付け加えよう。日教組はその後、一九八一年に第二次教育制度検討委員会を発足させ(会長・大田堯)、委員会は、一九八三年には『第二次教育制度検討委員会報告書――現代日本の教育改革』を提出している。

高校制度改革にかかわるこの提言での眼目は、「地域総合中等学校制度」の創設である。小学区制・男女共学・選択科目の充実という点で、「地域総合高校」の構想を引き継ぐものであるが、中学校から高校への進学において選抜試験を行わないという形で、中等教育を、六年間一貫した「青年期の教育機関」とすることに配慮している。そして、注目すべきことは、「地域総合中等学校の教育課程は、国民的教養としての普通教育および専門教育を施すものとし」[26]とされた点にある。

ここで「普通教育および専門教育」と明記されたのは、かつての「地域総合高校」構想に寄せられた批判を意識し、学校教育法の規定とも整合性をはかったがゆえであろう。しかし、「地域総合中等学校」の構想が、どのように高校段階での専門的分化と職業教育を位置づけようとしたのかについては、やはりかなりの曖昧さを残している。

そもそも生徒による科目選択を軸にした教育課程を原則とする以上、専門(職業)科目についての生徒の履修が、職業教育としての十分な質を担保することになるという保障は、どこにもない。また、小学区を原則とする「地域総合中等学校」において、すべての学校に多様な職業教育の課程をおくことができるのかという素朴な疑問も思い浮かぶ。

さらに、原理的に言えば、「地域総合中等学校」は、専門的分化のあり方を生徒の選択に任せるという制度原理をとっており、それが、現実の労働市場や産業構造とのあいだに齟齬を来さないという保障もない。その意味で、「地域総合高校」の構想から若干のバージョンアップを果たしたとはいえ、「地域総合中等学校」の構想もまた、「社会的分業への分化という課題を事実上、教育の営みの外におこうとするもの」[27]という批判を免れることはできないのではないか。

### (5) 戦後教育学の「無意識」

要するに、「創成期」を引き継いだ戦後教育学「主流派」の無意識には、遅くとも一九七〇年代以降、少なくとも高校段階までの教育についての「普通教育主義」が、どっぷりと染み透っていたのではないか。いま「無意識」と書いたのは、主流派に属する論者らは、正面切って高校段階における専門(職業)教育を否定したりはしないが、しかし、日常的に議論を展開する際には、悪意もなく、無造作に、普通教育を念頭に置いていたのではないかという意味である。

---

26 大田堯編『第二次教育制度検討委員会報告書――現代日本の教育改革』勁草書房、一九八三年、一九九頁。
27 黒崎勲(前掲書)を参照。

例えば、この時期以降の戦後教育学の代表的論者の一人である堀尾照久が、自らの研究関心を発達論へとシフトさせた時期にまとめた著作である『子どもを見なおす』（一九八四年）を手にとってみよう。その一節には、青年期の教育課題を論じた箇所があり、そこでは「三つの発達課題」が意識されるべきであるとしている。それは、「愛と性」「政治」「労働と職業」にまとめられているのだが28、注目したいのは、もちろん「労働と職業」への言及である。

そこでは、まず、「人類の歴史は、労働をとおして人間が人間らしさをつくってきた」歴史であるという、「人間にとっての労働の意味」をつかませることの重要性が主張され、「その労働が現代社会ではどうなっているか」を「掘り下げ」つつ、人間が労働を通じて「社会に参加し、歴史に参加している」ことに気づかせる必要があるとする。そして、結語として、次のようにまとめられる。「この問題は自分の将来の進路の選択、職業選択の問題であり、この進路指導をとおして、自分の将来を自分で選びとる力をつけさせることは、青年期教育の中心的課題だといってもよい」と。

この堀尾の認識は、「創成期」以来の戦後教育学の思想を正統に引き継ぐものであり、同時に、「労働への饒舌、職業への寡黙」という構図をひきずってもいる。青年期の教育課題について論じているにもかかわらず、そこでの「職業」は、いかにして青年が、具体的な、特定分野の職業上の能力を身につけるかという課題ではなく、進路選択・職業選択の課題として意識され、そのための力量形成の問題が位置づけられている。つまりは、普通教育の範疇でのみ、議論が展開されているのである。

正確さを期せば、『子どもを見なおす』の翌年に書かれた堀尾の別の論文では、青年期の発達と教育の課題は、「三つのセイ」と定式化し直され、愛と性の「性」、政治の「政」、生産の「生」にまとめられている[29]。そして、生産の「生」を論じたくだりでは、高校における専門教育の重要性を指摘している。しかし、その根拠は、以下のような論理で語られる。「むしろ、自分の多様な可能性を確かめる意味でも、高校で専門教育を重視する必要があるのであり、それによって培われる職業選択の力量が青年期教育の課題として大切なのである」と。もちろん、青年期教育にとって「職業選択」の問題が重要であることは論をまたないが、ここでもやはり、職業的能力の形成には言及されず、高校で重視されるべき専門教育は、あろうことか、職業選択の力量形成のためにこそあるかのような論理構成がとられてしまっている。

象徴的なかたちで例示すれば、無意識の「普通教育主義」とは、まさにこうした思惟にほかならないのである。

28　堀尾照久『子どもを見なおす』岩波書店、一九八四年、一五九頁以下。
29　堀尾照久「青年期の発達と教育の課題」堀尾ほか編『教育の原理Ⅰ　人間と社会への問い』東京大学出版会、一九八五年、三〇頁以下。

## 3　戦後の教育研究が暗黙の前提とした社会状況

見てきたような「普通教育主義」の無意識が、戦後教育学のあいだに瀰漫していった背景には、戦後の日本に固有の社会状況と教育理論との「共振」という現象が存在したと考えることができる。

第一に、戦後日本における高校制度の量的拡大が、圧倒的に普通科を中心に進んだという、（国際的に見れば、かなり特殊な[30]）事情がある。生徒数の構成比において普通科が七四％強を占める（一九九五年）にまで至ったこの構造が、いかに形成されたのかについては、いわゆる「学歴社会」の影響、高校の新設運動を進めた人々の意識（普通科志向）、自治体の財政事情、高卒労働市場との関係等、さまざまな要因を考慮しなくてはいけないが、ともかくも、戦後教育学「主流派」が目の当たりにした高校制度は、その制度実態としても、圧倒的に普通科（＝普通教育）中心だったのである。

第二に、高卒後の進路構造における「進学」の拡大がある。大学進学率は、戦後一貫して上昇した後、一九七〇年代半ば以降、文部省による大学の新増設の抑制政策によって、いったんは三〇％台で横這い状態になる。しかし、一九七五年に創設された専修学校（特に、専門課程＝専門学校）への進学も含めると、八〇年代以降においては、高卒後の進路構造における「進学」は、五割を超えるようになった（九〇年代以降の規制緩和によって、その後、大学進学率じたいも急上昇することは、周知の事実であり、現在では八割が「進学」である）。要するに、一九七〇年代以降、日本の高校教育は、しだいに「完成教育」[31]としての性格を弱め、もっぱら進学準備につながる普通教育機関としての機能を強めていたのである。

第三に、1章でも指摘し、また、これがもっとも決定的なファクターであると思われるが、一九六〇年代から七〇年代にかけて盤石に形成・確立した独特の学校と企業社会との「接続」関係の問題がある。乾彰夫が見事に描きだしたように[32]、六〇年代を迎える頃までの経済界は、労働者を職務（その職を遂行できる職業的能力）に応じて採用し、その後も処遇していくという「職務給」型の雇用システムの構築をめざしており、六〇年代の「高校多様化」政策も、そうした課題意識に対応していた。

しかし、高度経済成長による若年労働力不足などを背景として、その後実際に実現したのは、「職務給」ではなく、潜在的な職務遂行能力に基づく「職能給」をベースとした雇用システムであった。そこでは、採用時において特定の職業的能力を身につけていることは必要条件とされず、入社後の企業内教育によって、労働者の職業能力開発が行われた。新卒の採用時には、入社後の企業内教育によって「どれだけ伸びそうか」（訓練可能性）が重視され、学歴や出身学校・大学のランクが、その「代理指標（シグナル）」と見なされることになった。こうして、「新卒一括採用から企業内教育へ」という、学卒者の職業世界への移行ルートが確立したのである。

30 本田由紀『教育の職業的意義』ちくま新書、二〇〇九年、を参照。
31 内藤誉三郎『学校教育法解説』ひかり出版、一九四七年、を参照。
32 乾彰夫『日本の教育と企業社会』大月書店、一九九〇年、を参照。

この移行ルートの確立こそが、普通科を中心に量的拡大を遂げた高校の卒業者（そして、職業的レリバンスの低い文系学部を出た大卒者）が、円滑に職業世界に参入することを可能にしたものである。のみならず、それは、「普通教育主義」という戦後教育学の無意識に対しても、その存立根拠を与えたと見ることができる。やや突き放した言い方になってしまうが、「日本的雇用」への入口において職業的能力の有無が問われなかったからこそ、戦後教育学は、安心して普通教育を軸とした「新しい教養」を語り、「全面発達」や「選びながら発達する権利」といった理想を掲げ続けることができたとも言えるだろう。

ただし、それは、若者たちの職業世界への移行における専門（職業）的分化という問題を、事実上「日本的雇用」へと「丸投げ」するものであった点についても自覚的でなくてはならない。「他律的に選ばされる」のではなく「自分で選んでいく」[33]という理念が、どれだけ強調されようとも、そうした選択権を行使できるのは、特定の専門職または専門的職種をめざす者だけである。ほとんどの若者が「選ぶ」のは、どの会社に入社するかであり、入社後にどのような部署や職務に就くのかは、ジョブ・ローテーションを含めて、会社側の裁量に任されていたのが現実であった。

また、より正確に言えば、「新卒一括採用から企業内教育へ」という移行ルートが確立していたのは、大企業を中心に基幹労働力のセクターであって、中小企業などへの就職においては、あるいは、製造業に生産工程従事者として入職する場合などは、職業学科の卒業生への期待が高く、採用におけるアドバンテージが存在していたことも看過するわけにはいかない。こうした現実への認識の甘さが、教育制度検討委員会での「高校段階での職業教育廃止」の提言では、まさに手厳しい批判を受けたわけである。

## 4　戦後教育学の理論的パースペクティブの死角

結局のところ、戦後教育学の無意識において「普通教育主義」が成り立ちえたのは、「社会的分業への分化という課題」を教育学としての研究課題の外におき、それを事実上担っていた企業内教育を、研究的関心の視野の外においていたからである。教育制度内の能力主義的「差別・選別」に対しては、舌鋒鋭く批判していた戦後教育学は、かたや企業内教育における労働者の「差別・選別」や職務の「選択の不自由」に関しては、基本的に寡黙であった。

ところで、改正前の教育基本法の第九条には、「家庭教育及び勤労の場所その他社会において行われる教育は、国及び地方公共団体によって奨励されなければならない」という規定があった。その背景にあるのは、もちろん「教育の目的は、あらゆる機会に、あらゆる場所において実現されなければならない」とした第二条である。

第九条の規定で注目すべきは、「勤労の場所」における教育であるが、そこには当然、企業内教育が

33　堀尾照久（前傾論文）、三一頁。

含まれるはずである。企業内教育においても、教育基本法の精神が生かされるべきであるということが、条文の本来の趣旨である。にもかかわらず、戦後教育改革の理念に対しては、きわめて忠実であり、その実現のための努力に傾注してきた戦後教育学「主流派」が、ことこの点に関して、精力的な議論を展開してきたという形跡はない。

論点を整理するために、普通教育、職業教育、社会教育を含めた「教育」と、公的職業訓練も重要な役割を果たしているとはいえ、主要には企業内教育や企業によるOff-JTによって担われる「訓練」を分けよう。「教育」の範疇に属する職業教育に対してさえ意識的・自覚的ではなかった戦後教育学は、必定、「訓練」の問題を理論的な視野の外においてきた。そのことが、教育理論としてのパースペクティブを狭めてきたことが反省されなくてはならない。それは、一九九〇年代以降、戦後教育学が無意識のうちに（無防備なままに）若者を付託してきた「新卒一括採用から企業内教育へ」という移行ルートが、企業社会の側の作為によって一方的に縮小・変容させられたにもかかわらず、戦後教育学の側には、なすすべがなかったゆえんでもある。

なぜ、そうなってしまったのかに関しては、戦後初期において、労働省労政局長と文部省社会教育局長によって出された共同通達「労働者教育に関する労働省（労政局）、文部省（社会教育局）の了解事項について」（一九四八年）の影響を看過することはできない。これ以降、「教育」＝文部省、「訓練」＝労働省という縦割り行政上の「棲み分け」が成立し、現在にまで至っている。通達が、教育理論のあり方を直接的に規定するということはないはずだが、しかし、教育理論が対峙すべき教育現実が、「訓練」を排除する形で構成されてしまうということはある。そのことが、陰に陽に戦後教育学のあり方、その理論的なパースペクティブに影響を与えたことが想像されよう。

# Ⅱ　今日の高校教育の臨界点

# 3章　〈階層的序列化〉のなかの高校
## ――「教育困難校」におけるキャリア支援

Iでは、日本の高校が、戦後の制度的発展のプロセスにおいて、しだいに職業世界への「接続」の視点を弱め、高校教育が拠って立つべき社会的基盤を掘り崩していったことを、「日本的雇用」慣行の成立・確立を社会的背景とした高校教育政策の「転回」に即して、また、専門（職業）的分化へのパースペクティブを構築しきれなかった戦後教育学の「弱点」を跡づけながら、明らかにした。その結果として生じたのが、制度的には高校の〈職業社会との疎隔〉と〈自律システム化〉であり、教育内容的には無意識の「普通教育主義」であった。

こうした高校教育の〈自律システム化〉の帰結から派生する問題の一つが、本書の第二の視点である高校の〈階層的序列化〉である。この章では、「教育困難校」と称される高校についてのケーススタディを通して、高校システム内の「序列化」に喘ぎ、教育上の困難と課題を堆積させた学校の「生身の姿」を描いてみたい。

本章で取り上げるのは、筆者がかつて三年あまりをかけて取り組んだ大阪府内の公立高校調査の対象校である。「教育困難校」が抱える困難は、授業規律や生徒の学習意欲の問題、生徒指導上の諸問題、中退、卒業後の進路など広範にわたるが、ここでは、学校が抱える困難の全体像に目配りをしながらも、焦点的には、困難がもっとも集約的に現れると思われる卒業後の進路確保（とりわけ就職先の確保）への取り組みの問題にスポットを当てる。

以下では、大阪府内の公立高校三校（普通科高校、専門高校、専門コースを設置する普通科高校）を取り上げて、それぞれの学校における教育困難の様相を提示しつつ、困難や課題への対処の方略、実践上の成果や限界について考えてみたい。

## 1　府立三校の概況および教育・キャリア支援の現状

### (1)　普通科X校

X高校の創設は、一九七八年である。府立高校一三九校のうち一十二番目にできた高校であり、進学率の上昇による高校新増設ブームのほぼ終盤にできた学校であると言える。府内ではもっとも隣接県寄りの端の位置に立地しており、周辺は工業地区である。もともと新設の高校であり、通学の便もそれほど良くなかったことから、X高校の入学者のレベルはけっして高くはなく、当初から困難を抱え込んだ学校ではあった。しかし、その「困難校」ぶりが極まるのは、二〇〇五年に大阪府が、従来の九学区から四学区へと通学区域を拡大して以降のことである。以来、X高校の入学者募集は、毎年定員割れを起こしており、二次募集でも不足分は埋まっていない1。府内の業者のデータによれば、偏差値は三六と

卒業後の進路状況（2011年度）

| | 男 | 女 | 計 |
|---|---|---|---|
| 4年制大学 | 10 | 6 | 16 |
| 専門学校等 | 6 | 12 | 18 |
| 就　　職 | 35 | 11 | 46 |
| そ の 他 | 8 | 13 | 21 |
| 合　　計 | 59 | 42 | 101 |

されている。

表は、二〇一一年度のX高校卒業者の進路状況（実数）である。就職が、全体の半数弱を占めており、進路未定者と思われる「その他」も二割に及ぶ。しかし、驚くべきポイントは、そこではない。実は、二〇一一年度の卒業生一〇一名という数字は、三年前のX高校への入学者数の約半数でしかないのである。

X高校では、生徒の約半数が、いずれかの学年で中退していく。一般に、高校中退が特定の「教育困難校」に集中することは周知の事実であるが、定時制や通信制ではなく全日制課程の高校で、これだけの中退率になる高校は、全国的に見ても稀有の部類に属すると言わざるをえない[2]。

それでも、X高校は、いわゆる「荒れた学校」ではない。さまざまなトラブルを起こすやんちゃな生徒はいるし、発達障害を抱えた生徒（グレーゾーンと思われる生徒も含めて）も少なくなく在籍している。単親家庭の生徒もかなり多い。しかし、「教師の指導は、いちおう通っている」。そして、教師たちは概して熱心であり、実は環境教育の分野などでは、全国的にも注目される実践を生み出してもいる[3]。

校長も「公教育の使命として、（この高校で）最後のセーフティネットを担うつもりだ」（カッコ内は、筆者）という教育観の持ち主であり、大阪府教育委員会の「府立高校総合活性化事業」「集中支援事業」などの推進指定校に積極的に手を挙げては、教員加配や助成金を獲得して、教師たちを側面的に援護している。その結果、X高校には常時、標準定数よりも八名程度は多い教員が配置されていて、ホームルーム編成や授業の少人数展開を実現し、手厚い生活指導を行っていく条件が整えられている。

X高校のキャリア支援は、巷で喧伝されるような「勤労観・職業観の育成」や「将来設計」の学習ではない。インターンシップは高二で実施しているが、参加するのは、希望者の一〇名強だけである。教師から見て「とても行かせられない生徒」も少なくないうえに、「自信がなくて希望しない」生徒が多数を占めるからだという。代わりに、教師たちが努力しているのは、学校を学校として、授業を授業として「成立」させることであり、そのために必要なのが、生徒一人ひとりに寄り添った、ていねいな粘り強い指導である。そのなかで、生徒が少しでも自己肯定感を取り戻し、他者とかかわる力を身につけ

---

1　以下のX高校に関する記述は、二〇一〇年七月二六日に、同校の校長および学校づくりの中心的存在である中堅の教諭を対象として実施したインタビュー調査、および、その後に受けた情報提供に基づいている。本文中に会話カッコで示した引用は、ここからのものである。
2　青砥恭『ドキュメント高校中退』ちくま新書、二〇〇九年、を参照。
3　関上哲「子どもをとりまく教育的課題と環境教育」民主教育研究所年報二〇一一『環境と地域』教育研究の理論と実践』二〇一二年、を参照。

ていくことが、何より重視されている。

そうした日常的な支援の集大成が、高三で行われる進路指導に集約される。進学希望者の場合には、昨今の入試事情を考えれば、推薦入試やAO入試の枠を活用して、それがいいか悪いかは別として、「何とかなる」。経済的負担についての確認を保護者にしておくことが必須の条件とはなるが、困難を極める指導ではない。むしろ、問題は、就職希望者である。

X高校における就職指導は、緊急雇用対策事業で府から派遣された就職支援員二名の助力も得ながら、高三の四月以降、夏休みに入るまで、かなりきめ細かく展開される。そのメニューは、前年度の求人票を活用した「就職活動シミュレーション」、志望企業の選定、履歴書の書き方、面接の準備、会社見学会への参加指導、模擬面接の実施と続く。そのあいだに、働き方を考える「ワークショップ」を数度開催し、毎週二時間の「チャレンジタイム」（実質的な内容としては、ソーシャルスキルの訓練）が入っている。

「正直、履歴書を書き上げるのでさえ大変な生徒」にここまでやらせきるのは、並大抵の努力では足りないという。それでも、解禁日以降に面接を受けた生徒で、一回で内定を得られる生徒は、ごく少数にとどまる。かつての慣行のように[4]、学校と企業との「実績関係」に基づいて、学校推薦さえ得られれば、ほぼ自動的に内定を獲得できるといった状況は、現在では（少なくともX高校には）存在していない。近年では、全国どこの高校においても、多かれ少なかれ同様の傾向はあるが、X高校の場合、不採用の確率はやはり高い。結局、二度、三度、四度と面接を受け直す生徒に対しては、二学期以降もていねいな、個に寄り添う指導が繰り返される。その結果、最終的には「九割近く」が就職先を決めて卒業するという（途中で諦める生徒も、けっしていないわけではないが。）。

こうしたX高校の進路指導やキャリア支援を、どう見ればよいだろうか。結局は「出口指導」ではないかと批判することは、いともたやすい。そもそも卒業までに半数近くの生徒が中退してしまうという状況も、想像に絶するものがある。しかし、そうしたことの責めを、学校や教師に負わせれば、それで済むのだろうか。X高校の取り組みを見る限り、とうていそうは考えられない。むしろ、「教育困難校」とされるX高校の現状と困難の由来を、社会的・構造的に把握するためのこちら側の認識枠組みこそが問われているのではないか。

### (2) 工業科Y校

Y工科高校は、戦前の府立職工学校を前身とし、一九四八年に新制高校として設置された工業高校である。二〇〇五年に、大阪府の方針で、工業高校から「工科高校」へと名称変更した。全国でも有数の中小企業集積地[5]に立地しており、学科をおいているのは、機械系・電気系・建築設備系である（それ

4　苅谷剛彦『学校・職業・選抜の社会学』東京大学出版会、一九九一年、を参照。
5　この地域の企業集積の経緯や歴史的展開については、植田浩史『産業集積と中小企業』創風社、二〇〇〇年、に詳しい。

ぞれの内部に、さらに細分化した専科がある)。先の業者のデータによれば、偏差値は三七。偏差値を基準とする高校序列で見れば、Y工科は、先のX高校と横並びの位置にある。しかし、Y工科の入試倍率は、X高校が後期選抜であるのに対して、専門高校はすべて前期選抜に位置づけられていることもあって、一倍を下回ることはない[6]。また、七〇年あまりの伝統を誇る工業高校だけあって、就職実績はX高校をはるかに凌駕する。Y工科の卒業生のうち、約三割は工学系の大学あるいは専門学校に進学し、七割は就職する。内定状況は「一〇〇%で、すべて正規雇用である」という。就職者のうちの約七割は、地元を離れて、大手・中堅の企業に行く。地元の中小企業に就職する者は約三割である。校長自身は、技術力のある地元中小企業への就職者を増やしたいという考えの持ち主であるが、「生徒も行きたがらないし、親も行かせたがらない」のだという。

では、偏差値序列ではX高校と変わらない学校であるにもかかわらず、Y工科の教育は、工業高校であるがゆえに「盤石」なのか。残念ながら、そうは言いきれない現実もある。一般的には、専門高校への入学者のなかには、一定割合の「不本意入学」者が存在するであろうことは想像に難くないが、その点は、Y工科もはやり「例外ではない」という。そのため、卒業を迎える時までには、入学者のうち四〇名程度が中退していく(募集定員は三二〇名なので、入学者の一割を超える)。また、卒業までは漕ぎ着くものの、その後の進路としては、工業系ではない大学・学部や専門学校への進学を果たす者も一〇名程度はいるという。つまり、工業高校としての専門教育の力と高い就職斡旋力があるにもかかわらず、やはり一五%強の生徒は、Y工科の教育に「包摂」されていないのである。

こうした事態を「ミスマッチ」と呼ぶとすれば、ミスマッチを防ぐ（あるいは、和らげる）ために、Y工科が工夫していることが二つある。一つは、入試における「括り募集」である。今どきの中学生に、入学前に工業高校の学科レベルまで選択させることは難しいという判断のもと、入試では一括募集を行い、一年次は共通のカリキュラム（普通教科＋各系の専門基礎科目）を学ばせる。そのうえで、二年次から専門の「系」および「専科」を選択させるという仕組みである。ただし、施設・設備や教員配置の関係もあって、各専科には定員があるので、この時点での選択の際に、「第二志望」以下に回らざるをえない生徒も出てきてしまう。

もう一つは、キャリア教育の積極的な実施である。二年次のインターンシップと三年次の「課題研究」は、全国どこの専門学科でも設定される教育内容や科目であるが、Y工科では、一年次に必修科目「キャリア設計」を置いている。入試での「括り募集」とも関連するが、この科目が、自分の進路にかかわる将来設計を考えさせつつ、二年次以降の系・専科を選択させるための「カリキュラム・ガイダンス」的な役割を担っている。校長に言わせれば、工業高校としての強みを発揮するためにも、「キャリア教育と職業教育は車の両輪」なのである。

6　以下のY工科高校に関する記述は、二〇一〇年九月一四日に校長を対象として実施したインタビュー調査、および、その後の情報提供に基づく。本文中に会話カッコで示した引用は、ここからのものである。

Y工科の今後の展望は、どうか。実は、Y工科では二〇一〇年度、開校以来初めてのことであるというが、教師集団で手分けをして企業訪問を実施した。目的は、言うまでもなく「求人開拓」である。産業構造の転換や製造業の工場の海外移転などによって、大手・中堅の企業からの求人は、確実に減少しつつある。地元の中小企業からの求人は、現時点では相変わらず少なくないが、中小企業集積地としての地元地域の勢いは、全盛時と比較すれば、衰退してきている。校長が、「大阪府内の工業高校の適正規模は、今よりももう少し小さいかもしれない」と漏らす背景には、こうした求人動向と、その先に想像されるY工科の将来への危機感があると言えるだろう。

高校教育は、教育の内容や方法については、自らのコントロールのもとに創意工夫し、改革・改善することができる。しかし、「求人」そのものを創出することはできない。Y工科の相対的な「安定」が、実は自律的には制御することのできない外部環境に依存しているという「現実」から、けっして目を逸らすわけにはいかない。

### (3) 普通科Z校

Z高校は、X高校と同じ一九七八年に創設された普通科高校である。業者による偏差値は、Y工科と同じ三七であり、同じ地域圏に立地している。設立当初は、地元中小企業からの求人も少なくなく、比較的順調なスタートを切ったが、X高校と同様の新設校の「宿命」で、しだいに「困難校」としての様相を強めていく[7]。二〇〇〇年前後には、入学者募集にも困難を抱えるようになり、地域のなかでも

「荒れた学校」として評判になっていた。地元住民からすれば、「通学の途中の生徒の様子は、本当に酷いものだった。地元では親も生徒も『Z校に行っている』なんて、とても言えない」[8]状況だったという。中退者も三ケタに届く勢いで、「ほとんどが一年生の時に辞めていく」状態だった。

こうしたZ高校の学校再生への挑戦には、二つの特徴があった。一つは、地元密着の学校づくりを志向したことであり、地域住民や地元企業の関係者を招いて、学校の将来像を考えるフォーラムを開催するなどしてきた。もう一つは、ほぼ時を同じくして、キャリア教育推進にかかわる文部科学省の研究指定校に応募したことである。そして、これが採択されたことで、二〇〇四年以降、Z高校の地元密着の学校づくりは、二年次から希望者を募って専門コースに所属させ、その生徒には高二と高三で毎週一日、地元の中小企業等にインターンシップに行かせるという形に定型化された（企業での実習は、年間で約二五回。残りは、校内での研修や講習会）。

7　以下のZ高校に関する記述は、二〇一〇年七月二六日に教頭および後述する専門コースの担当教諭を対象として実施したインタビュー調査、また、同年七月二七日に専門コースの担当ではない教諭二名を対象として実施したインタビュー調査、さらに、その後に受けた情報提供に基づく。本文中に会話カッコで示した引用は、ここからのものである。なお、同校の学校づくりに関しては、菊地栄治『希望をつむぐ高校』岩波書店、二〇一二年、加星宙麿『「キャリア教育力」が未来をひらく』メディアイランド、二〇一二年、でも考察されている。

8　二〇一一年七月二九日に地元中小企業の社長を対象として実施したインタビュー調査より。

専門コースへの参加生徒数，協力企業数

| | ２年生 | ３年生 | 計 | 企業数 |
|---|---|---|---|---|
| 2005年 | 6 | 11 | 17 | 17 |
| 2006年 | 14 | 13 | 27 | 25 |
| 2007年 | 37 | 20 | 57 | 66 |
| 2008年 | 34 | 18 | 52 | 53 |
| 2009年 | 25 | 27 | 52 | 52 |
| 2010年 | 74 | 18 | 92 | 99 |
| 2011年 | 27 | 66 | 93 | 82 |

普通科高校でありながら、この大胆な専門コースの設置とそこでの教育は、全国的にも注目を集めることになった9。

専門コースを機能させるために、Z高校では学校設定科目として、インターンシップ二科目（計一二単位）、事前指導や実習の振り返りのための二科目（計四単位）を設置した。一方、地元地域で生徒を受け入れてくれる協力企業を開拓し、校内での推進体制も整備した。生徒が実習に出かけている日には、教師たちは手分けをして実習先の訪問を行う。「週一回なのでスキルが身につくわけではないが、一度行くごとに校内での振り返りができる」ことが、この実践の要であり、強みでもある。

表は、この専門コースへの参加生徒数と協力企業数の推移を示したものであるが、順調に発展してきたことがわかる。ただし、Z高校の募集人員は一学年二四〇名であり、生徒の参加率はそれほど高いわけではない。

しかし、専門コースの取り組みをはじめて、そこに参加した生徒たちは、大きく成長したという。自分に自信を持てなかった生徒が、「自分にもできる」という自己肯定感を取り戻したり、学校生活や進路実現に向けた意欲が高まったりもした。中には、途中でくじけそうになる生徒もいるが、教師たちの励ましやインターンシップ先の職場の人間関係（教育力）に支えられて、ほとんどの生徒が最後までやりぬくという。それが直接、就職につながる生徒もいる。実際、取り組みをはじめて以降、地元におけるZ高校の評判は、「見違えるくらいに変わった」。

**卒業後の進路（過去5年）**（単位:%）

| | 就職 | 進学 | 未定 |
|---|---|---|---|
| 2007年度 | 39.1 | 23.4 | 37.5 |
| 2008年度 | 38.2 | 28.2 | 33.6 |
| 2009年度 | 33.8 | 33.1 | 33.1 |
| 2010年度 | 35.2 | 25.4 | 39.3 |
| 2011年度 | 34.0 | 30.5 | 35.5 |

Z高校の事例は、ある意味では、学校づくりの「成功物語」に見えなくもないのだが、しかし、現実はそこまで甘くはない。表は、Z高校の卒業生の過去五年間の卒業後の進路動向を示したものである。専門コースの取り組みが軌道に乗って以降も、進路未定者の割合は、三割台の半ばから後半で推移していて、この数値は、単純に比較すれば、X高校よりもかなり高い水準にある（専門コースの生徒だけを取り出

9　二〇一二年二月には、中央教育審議会初等中等教育分科会「高等学校教育部会」、一〇月には「全国高校教育改革研究協議会」でも事例発表が行われている。

せば、進路未定者の割合は、一割台にとどまるのだが)。

これには、もともと困難を抱えた生徒が、数多く入学する高校であるという事情もあろう。そして、専門コースの設置以降、学校全体が落ち着いてきたとはいえ、そもそも専門コースを選択する生徒は、いまだ少数派であるという制約もあろう。事実、専門コースを担当していない教師へのインタビューによれば、校内でも何かあれば、「専門コースだから」と受け取られ、教師間でも「温度差がかなりある」という。また、高一の時点で、「これは」と思う生徒に翌年からの専門コースの選択を勧めても、「大変そうだから」と敬遠してしまう生徒も少なくないという。


実は、Z高校の専門コースは、二〇一三年度から総合学科として独立した(定員八〇名)。その後の経過は調査できていないので、あくまで推測になるが、入試の時点から別枠で募集することになれば、確かに専門コース(総合学科)のレベルは上がる可能性がある。また、普通科という枠では限界のあった、インターンシップと連動する諸々の専門(職業)科目の設置も可能となる。インターンシップ先で求められる職業的な知識やスキルに即した科目群を準備することができれば、インターンシップの性格を、啓発的経験や社会人基礎力の獲得を重視するような「職場体験」ではなく、より「職業実習」に近いものに転換することも可能かもしれない。

しかし、指摘したような専門コース(総合学科)と普通コースとの「分断」は、これまで以上に固定化されることにもなる。予断は慎むべきであるが、八〇名の専門コース(総合学科)の「充実」の裏側で、Z高校全体は、これまで通りの教育困難を背負い続けることになるとも想像される。もちろん、当事者は、そんなことは百も承知のうえなのだろう。それでも「前に」進まざるをえないのだから。そのリアリズムにこそ、今日の「普通科困難校」が直面する現実があるとも言える。

## 2 教育困難への対処の方略

以上の三校の事例を踏まえたうえで、いかなる要因が、今日の高校制度における「教育困難校」を作り出しているのか、また、困難への対処や困難からの脱出の方途をどこに求めたらよいのかについて考えてみたい。

### (1) 大都市圏における通学区拡大の弊害

X高校、Z高校が抱えている教育困難は、普通科のいわゆる「底辺校」に集中する困難として、ずいぶん以前から知られている[10]。高校の〈階層的序列化〉が成立している現状では、階層ランクの下位に位置する高校ほど困難を抱えやすくなる。そして、同じ階層ランクの学校であっても、専門学科と比較すると、普通科の方がより大きな困難を背負い込みやすい。この点は、すでに1章でも指摘した。Y工

---

10 例えば、門脇厚司ほか編『高等学校の社会学』東信堂、一九九二年、などを参照。

科の校長も「普通科高校での教育は、中教審も言っているように、ずいぶん前から破綻している」と言うくらいである。

この発言の背後には、階層ランクの中・上位の普通科高校でさえ、大学進学競争に躍起になって、実は問題を「先送り」しているだけで、高校教育としての実質をなしていないといった批判的なニュアンスが込められ、その裏返しには、職業高校の教育への自負があるのであるが、この点は深入りしない。ともかくも、「進学」という形での問題の「先送り」ルートを持たない普通科の下位校には、教育上の仕掛けが「何もない」。だから、「破綻」してしまう。一方で、専門学科には、実習等を含んで、職業教育が持つ「陶冶」の力や、資格取得が喚起する学習への動機づけ、そして地域労働市場との関係における就職斡旋の力がある。いきおい、普通科高校のほうが、より「困難校」としての様相を強めていくのである。

ただし、こうした「困難校」形成のメカニズムは、全国各地に見られる構図であるとしても、X高校、Z高校が抱えるような深刻な困難性は、高校通学区の拡大という大阪府教育委員会の政策によって、よりいっそう、いや極限近くにまで増幅されている。

通常、大都市圏以外の地域では、生徒が進学先として選択できる高校の数は、交通網などの地理的な条件に制約されて、一定の範囲内におさまる。もちろん、それらの高校間には序列的な階層ランクが成立するが、仮に最下位の高校であったとしても、入学する生徒の層には一定の「幅」があり、困難を抱えた生徒だけが集まるといった事態にはならない。ところが、大阪府のように広域の通学区設定がされた場合には、数十ものクラスターに「輪切り」された高校間の〈階層的序列化〉が進行する。その結果、階層構造の最底辺の高校に集まる生徒が抱える困難の度合いは、他の地域の「困難校」と比較しても、幾重にも増幅されることになるのである。

東京や大阪のような大都市圏における通学区域の拡大施策は、高校の階層的秩序の「頂点」においては、より選抜度の高い高校を作り出すことになるので、大学進学実績という点で効果をあげるかもしれない。しかし、その「底辺」には、X高校やZ高校に見たような「教育困難校」を必然的に生み出す。本来、公共政策としての高校教育政策は、こうした構造的メカニズムを直視し、その帰結に自覚的でなくてはならないはずである[11]。

確かに、今日の市民意識や教育意識を前提にすれば、戦後初期のような小学区制や、その後の高校入試における総合選抜制度のような試みが、ただちに幅広い支持を得るようには見えない。むしろ、公立中高一貫校への期待[12]にも同様のものがあるが、私立高校との対抗関係において、公立の進学校の「復権」をはかろうとする施策には、相応の支持が集まっている。そうした市民意識こそが、この三〇年弱のあいだの新自由主義的な教育改革の進行を草の根から下支えしてきたものでもある[13]。その意味では、

11　にもかかわらず、調査実施後のことであるが、大阪府立学校条例は、二〇一四年度より府内公立高校の通学区域を「府内全域」に拡大した。事態のさらなる悪化は必至であろう。
12　濱本真一「公立中高一貫校拡大の規定要因分析」『社会学年報』四一号、東北社会学会、二〇一二年、を参照。
13　拙稿「抗いがたき〝磁場〟としての新自由主義教育改革」『現代思想』二〇〇二年四月号、青土社、を参照。

高校通学区の拡大は、府教委が二〇〇三年からスタートさせていた「エル・ハイスクール」指定事業[14]という「頂点」の重点校への支援策と相まって、「確信犯」的に実施されたものである。しかし、それが同時に、「底辺」にはX高校、Z高校のような〈臨界点〉に近い「教育困難校」を生み出したのである。

## (2) 「教育困難校」におけるキャリア支援

高校における「キャリア支援」とは何かを定義することは、意外に難しい。ただ、ここでは当面、生徒の「社会的・職業的自立」に向けて、直近の目標としては、①生徒を中退させずに卒業させること、②卒業後の安定的な進路先を確保すること、を目的とした指導や支援としよう。

もちろん、卒業後に大学などに進学させたとしても、矛盾や困難を「先送り」しただけで、キャリア支援にはとうていなっていないという事例は、いくらでも存在する。専門学校や大学における中退者の増加[15]は、そうした問題の一端を浮かび上がらせるものでもある。また、積極的な進路変更として、高校を中退する、あるいは卒業後に非正規雇用を選ぶということも、論理的には十分に考えられることではある。しかし、実際に、中退、あるいは卒業後に不安定就労の世界に入っていく若者たちが直面する厳しい状況[16]を考えれば、まずは、進学ないし正規雇用に代表される安定した進路先を確保するという目標設定は、けっして「統制主義的」すぎるということにはなるまい[17]。

このことを前提としたうえで、では、調査対象とした高校では、いかなるキャリア支援がなされているのか。まず、Y工科について見てみよう。この高校の路線は、明瞭である。しっかりとした職業教育を施すことを通じて、「系」ごとの専門性と関連する職業分野に卒業生を正社員として就職させることが、キャリア支援の支柱である。もちろん、建築設備系のように、労働市場における求人の高度化ゆえに、多くの生徒が大学や専門学校への進学を希望する（学校側も、可能な条件があれば、それを勧める）という「系」や「専科」もある。あるいは、それ以外の「系・専科」の生徒でも、進学を希望する者はいる。実態としては、「工科高校に名称が代わって以降は、進学希望が若干増えてきた」傾向にあるという。ただ、それでも、「この学校を受けてくる生徒は、入学の時点で最初から就職を考えている」場合が多い。そうした実態に支えられ、入試の「括り募集」とキャリア教育によって、生徒を可能な限り工業科の教育の枠組みに乗せること、そして、その教育力によって就職先を保障することが、Y工科のキャリア支援の中心軸である。

---

14 二〇〇七年三月まで継続された事業で、正式の名称は「次代をリードする人材育成研究開発重点校」である。「進学重点校」と表記されたわけではないが、指定された高校は、すべて大阪府内の伝統的な進学校である。

15 日本中退予防研究所『中退白書二〇一〇』二〇一〇年、を参照。

16 西田芳正『排除する社会・排除に抗する学校』大阪大学出版会、二〇一二年、などを参照。

17 小野善郎ほか編『移行支援としての高校教育』福村出版、二〇一二年、は「教育困難校」と呼ばれる高校に求められる実践として、①登校の保障、②学習参加の保障、③社会への移行の保障を挙げているが、以上のような本書の問題意識と重なる。

おそらく、現状におけるY工科の相対的な「安定」（――一五％強の中退者は存在するのだが）を支えている条件は二つある。一つは、進学三割・就職七割という進路希望の分化であり、もう一つは、就職希望者全員に行きわたる豊富な求人である。

Y工科では、三割の生徒は、大学・専門学校等の工学系に進学しているが、学校側としては、「卒業生が大学に入っても、授業についていけないのが目下の悩みである」という。「在学時、数学・物理で好成績を取っていた生徒でも、大学に入ると歯がたたない」。普通科に比べると、それらの教科の時間数は「半分しかない」からである。そのため、高大連携の試みも新たに開始して、進学希望の生徒に刺激を与えようとはしている。しかし、それ以上に踏み込んで、カリキュラム全体を組み換えようとはしない。それは、Y工科が誇る工業科の職業教育、地元の製造業などからも一目を置かれる教育の実質[18]を崩したくないからである。

現状は、これでよいのかもしれない。しかし、今後、進学・就職の希望者バランスが大きく進学の方に傾いたとしたら、どうだろうか。それを促すかもしれないファクターは、生徒と保護者の意識の変化と、それ以上に、製造業を中心とする地域労働市場との関係で、Y工科への求人数が減少してしまうかもしれないという事態である。そうなれば、学校としては、進学志向の高まりを踏まえたうえで、現行のカリキュラムをどうするのか、かなり深刻なジレンマに逢着することになるのではないか。いずれにしても、Y工科のキャリア支援の「一五％を除く」安定性は、こうした学校の側からはコントロール不可能な外部環境の、現時点での「均衡」に支えられていることを直視しないわけにはいかない。

では、X高校とZ高校の場合は、どうだろうか。両校ともに、①府教委の措置による教員加配を活用して、募集クラス数よりも多いホームルーム編成をする（少人数学級）、②数学や英語などでは少人数の習熟度別授業を行う、③就職希望の生徒には府から派遣された「就職支援員」[19]と教員が協働して、生徒一人ひとりに対応したきめ細かな就職支援を行うといった、およそこの手の高校で考えうる限りの教育的な工夫や対処を尽くしている。しかし、両校には、Y高校の職業教育のような「切り札」が存在しない。そして、この先で両校の対処戦略は、異なる路線をとる。

X高校は、あくまで普通科高校としての教育の枠内で、生徒たちに寄り添った、懇切丁寧な指導をねばり強く続けていく。生徒たちが出ていく社会的現実（非正規雇用や労働環境の厳しさ）を見すえて、アルバイト経験を活用した労働法の授業等にも取り組む[20]。もちろん、中途での離脱者も数多く出ているが、それでも最後まで頑張った生徒に対しては、可能な限り進路先を確保できるように支援する。こ

---

18　Y工科の実習授業などでは、技術力のある地元中小企業の技術者が指導員として派遣されたり、出前授業を実施したりしている。業界団体からも同校の教育に期待が寄せられている様子は、「インタビュー　建設業の未来を担う若者たち」『建設業しんこう』二〇〇九年一二月号、一般財団法人建設業振興基金、といった雑誌記事にうかがうこともできる。

19　Z高校における就職支援員の活用については、「教員負担を軽減できる外部専門家との連携」『キャリアガイダンス』No.44、リクルート進学総研、二〇一二年、に事例紹介の記事がある。

20　首藤広道「生活現実からの職業観・勤労観の形成」『月刊生徒指導』二〇一一年九月号、学事出版、を参照。

れが、X高校のキャリア支援のスタンスである。しかし、そのていねいな指導にも、残念ながら「限界」は存在する[21]。それが顕現しているのが、どうしようもない数の中退者であり、進路未定のままに卒業する少なくない生徒の存在にほかならない。

一方、Z高校は、普通科高校としての通常の枠を大胆に踏み越えて、専門コースを立ち上げた。地元の中小企業等が持つ「教育力」に依拠しながら、参加した生徒たちの成長と自立を促し、結果として進路実現にもつなげていく。ある意味では、X高校が持ちえないキャリア支援の「賭け札」を手にしたようにも見える。しかし、この札は、学校全体に隈なく波及効果を及ぼすものではなく、専門コースに属さない多くの生徒には、残念ながら届いていない。その意味での「限界」は否定しようがない[22]。Z高校が、専門コースが安定的な軌道に乗った時点においても、「就職のミスマッチ、離職率の高さ」を、学校が直面する課題として掲げざるをえないことに、何よりその困難の根深さが現れていよう。

## 3　高校制度の限界、その先の〈臨界点〉

見てきたような三校の事例から、いかなる知見や教訓を汲みとることができるだろうか。すぐにも思いつくのは、X高校やZ高校と比較した場合のY工科の相対的な「安定性」である。とすれば、ここから、高校階層ランクの下位校（現状では、高卒後の進路として就職を希望する生徒が多い学校でもある）においては、職業教育のカリキュラムを有することが有利であるという「結論」が導かれるだろうか。

普通科の教育は「破綻している」というY工科の校長の言葉を持ち出すまでもなく、現在でも「普通科困難校」が抱える苦境を伝える報告は、枚挙に暇がない[23]。他方、若者の移行支援という観点からも、専門学科（職業教育）の意義を再認識し、高校教育の「職業的意義」を回復すべきであるという議論は、この二〇年あまり連綿と引き継がれ、今では有力な論調の一つになっている[24]。確かに、そうした主張には頷ける部分が多いのだが、上記の「結論」には一定の留保を付けたい。

---

21 調査のプロセスで別に訪問したM高校定時制課程では、学習や通学の継続に困難を抱える生徒に対しては、その保護者に対するケアの必要性も睨みつつ、教員と行政関係者、福祉事務所のケースワーカー、地域の民生委員などが連携して、ケースカンファレンスを開くこともあるという。定時制という教育条件（生徒数の少なさ、生徒／教師数比の低さ）がなせる技であり、現実的条件に照らせば、ここまでの個別対応をX高校の生徒指導に求めることは難しい。なお、M高校定時制課程については、二〇一〇年七月二六日に同校の教諭を対象に実施したインタビュー調査に基づく。

22 とはいえ、一般論ではあるが、小規模校であれば、生徒全員を対象にするかたちで、地域を基盤とし、地域の教育力に依拠しながら生徒の移行支援を展望するという、教育困難への対処方略は、検討に値するもののようにも思われる。川俣智道「Community Based な移行を模索する」『北海道教育学会誌』第六号、二〇一一年、を参照。

23 例えば、朝比奈なを『見捨てられた高校生たち』学事出版、二〇一一年、など。

24 熊沢誠『働き者たち泣き笑い顔』有斐閣、一九九三年、斉藤武雄ほか編『工業高校の挑戦』学文社、二〇〇

「頷ける」というのは、高卒就職において有利であるという理由だけではない。従来のような「新卒就職から日本的雇用へ」というルートには乗れない（つまり、入職後の「企業内教育」による職業能力形成を見込めない）若者が大量に出現している現状では、在学中に一定の職業教育を受けておくことが、その後のキャリアにとって少なくない意味を持つからである[25]。

では、なぜ「留保」が必要なのか。それは、Y工科の現状が示唆するように、現行の高校制度においては、専門高校といえども、その「入口」と「出口」に、自らが自律的には制御しえない「困難」を抱え込まざるをえないからである。入口の困難とは、生徒や保護者の「普通科」志向であり、その結果、「不本意入学」者を一定の割合で生じさせる入学者選抜であり、さらには、専門教育の土俵に乗れなかった者は、いずれは中退していく可能性も低くはないという実態である。出口の困難とは、Y工科の場合にはいまだ潜在的であるが、校長をして「府内の工業高校の数は多すぎるかもしれない」と言わしめる、将来にわたる労働力需要の不安定性という問題である。

専門高校の強みが発揮できるためには、高校制度が現状よりももっと柔軟なものとなり、「年齢の幅をもった入口」から入学し、その後も転学科や転校が容易となること、そして、「新卒採用の縛りが薄れた出口」において、数年間の幅で、「ジョブ型雇用」[26]を含む形態での職業世界への移行を果たすことを見通せることが必要なのである。

こうした点も含めて考えれば、X高校、Y工科、Z高校の事例は、今日の高校教育のシステムとしての「限界」を、あるいは、限界を超えてしまう〈臨界点〉を体現していると見なすことができるのではないか。「教育困難校」の現実は、学校単独の努力だけで困難の克服への方途を見つけられるような状況にはない。「クリエイティブ・スクール」(大阪府の多部制単位制高校)などの学校指定をして、教育条件整備を手厚くすることは必要なことではあるが、それだけではおそらく学校がもたない。「社会的資源と結びつかないとやれない学校」「教育困難校」のリアリティがある。現行の高校制度内でなしうる努力を怠るわけにはいかないが、しかし、教育、就労支援、福祉、医療、精神保健といった分野と連携し、「入口」「出口」の制約からも相対的に自由な、柔軟な「高校のかたち」を模索し、構築していくべき時期が到来しているのではないか。

え込まざるをえないところに、「教育困難校」[27]——確かにそうなのだが、それでも「もうやれない」部分を抱

---

年、本田由紀『教育の職業的意義』筑摩書房、二〇〇九年、などを参照。

25 詳しくは、拙著『若者はなぜ「就職」できなくなったのか』日本図書センター、二〇一一年、を参照。

26 濱口桂一郎『新しい労働社会』岩波書店、二〇〇九年、を参照。

27 X高校などと同レベルの「困難校」であるN高校(普通科総合選択制)で、学校づくりの中心となっている教諭が語った言葉。二〇一〇年九月一〇日に実施したN高校でのインタビュー調査より。

# 4章　高卒後の進路選択行動と東日本大震災
## ——岩手県K地域に焦点を当てて

3章では、高校の〈階層的序列化〉が極端に進んだ大都市圏に立地する高校群のケーススタディを通じて、序列上の最下位に位置づく高校が背負うことになる絶望的なまでの「教育困難」の様相を明らかにし、併せて、困難からの脱却の努力や取り組みも、序列化された高校制度と労働市場などの環境との関係構造がつくり出す「磁場」のなかで、必ずしも思いどおりの成果を上げるだけには終わらず、別の問題や困難を残存させてしまうという矛盾的なメカニズムについて見てきた。本書が主張する高校教育の〈臨界点〉は、そうしたギリギリの改善努力によっても、なおその効果が届かない地点にほの見えている。

とはいえ、3章でも示唆したが、高校の〈階層的序列化〉の影響は、大都市圏以外の地域においては、大都市圏とはやや異なる様相を見せる。一つには、序列上の最下位に位置する高校においても、大都市圏の高校ほどには「教育困難校」化しにくいということがあるが、それだけでない。通学可能な圏域にある高校の数がそもそも多くはない地方都市においては、どの高校も、その序列上のポジションにかかわらず、「入口」（地元の中学生たちの進路選択行動）と「出口」（在校生の卒業後の進路選択行動）において、〈階層的序列化〉の影響を絶大なまでに受けるのである。そのことが、各高校の教育のあり方を規定する様相が探究されなくてはならない。この章では、筆者がかつて岩手県K地域の公立高校を対象として実施した調査に基づいて、こうしたテーマと論点に迫りたい。

## 1　問題設定と視点

およそ二〇〇〇年を前後する時期から、若者の「学校から職業への移行」プロセスの実態を把握しようとする研究が、にわかに活況を呈するようになった[1]。そこでは、「新卒者のうち、いったい誰がフリーターになるのか」「非正規で働きはじめた若者たちのその後の正社員への転換は進んでいるのか」といった点について、マクロな社会構造的な分析から、若者自身の就労意識や価値志向に焦点を当てるミクロな分析に至るまで、かなり分厚い研究の蓄積が生まれてきている[2]。

しかし、尾川も主張するように[3]、これらの「移行」研究が対象としたのは、圧倒的に大都市圏に居

1　日本労働研究機構『フリーターの意識と実態』調査研究報告書No. 136、二〇〇〇年、を皮切りとした現在の労働政策研究・研修機構による一連の調査研究などを参照。
2　研究動向の俯瞰としては、「リーディングス日本の教育と社会」一九（本田由紀・筒井美紀編）『仕事と若者』日本図書センター、二〇〇九年、小杉礼子編著『若者の働きかた』ミネルヴァ書房、二〇〇九年、などを参照。
3　尾川満宏「地方の若者による労働世界の再構築」『教育社会学研究』第八八集、二〇一一年、を参照。

住する高卒者や大卒者、とりわけ卒業後にフリーターになっていく層に偏っている。例えば、乾らの研究[4]は、都立高校に在籍した調査対象者のその後の進学・就職などのキャリア・パスを、卒業後五年間にわたって継続的に追跡調査した貴重な研究成果である。そこには、学校から職業への円滑で、安定的な「移行」ルートが崩壊した後の「社会的現実」を生きる若者たちの多様な姿が、在学、正規雇用、非正規雇用、失業のあいだを複雑に行き来する軌跡の動態として見事に描かれている。しかし、彼らの「移行」の実態は、東京都内の高校の出身者であるがゆえに、大学や専門学校への進学にしても、（正規・非正規を問わず）就業にしても、選択肢があり余るほど存在しているという大都市圏に固有の条件に支えられていた。

当然、こうした条件は、地方在住の（少なくとも中核都市以外の）若者の「移行」には当てはまらない。例えば、高卒後に進学するという選択は、同時に地元を離れて生活することとセットになり、地元での就職をめざすとしても、就業先の選択肢がきわめて限定されているといった地域は、日本中のあちこちに存在している。本章が考察の対象とする岩手県K地域は、こうした意味での「地方の現実」を典型的に体現した地域の一つである。かつ、ここは、二〇一一年の東日本大震災において、津波による大きな被害を受けた被災地でもある。

これまで、K地域の高校生たちは、高卒後にどのような進路選択行動をしてきたのか。そうした進路選択行動を枠づけてきた「構造」は、被災後、はたして変化したのか。この点に迫ってみたい。一般論として言えば、東日本大震災の後、高校生を含めた被災地の若者たちの意識は、以前にも増して「地元への愛着」や「絆」の意識、「地元定着」や「地元への貢献志向」を強めたと指摘されている[5]。しかし、結論を先取りしてしまえば、そうした意識の変化は、少なくともK地域に関する限り、被災者でもある高校生の高卒後の進路選択行動を大きく変えてはいない。――それは、なぜなのか。まずは、実態を明らかにしたうえで、「変わらない現実」をどう考えればよいのかについて吟味したい。

## 2　岩手県K地域の高校制度の概要

この地域の高校制度の概要を、再編等の歴史的経緯も含めて図示すると、以下のようになる。存在するのは、すべて公立高校であり、私立高校はない[6]。

4　乾彰夫編『高卒5年　どう生き、これからをどう生きるのか』大月書店、二〇一三年。

5　ベネッセ教育研究開発センター「高校生と保護者の学習・進路に関する意識調査」二〇一一年、全国高等学校PTA連合会・リクルート「第五回高校生と保護者の進路に関する意識調査二〇一一」二〇一二年、東北活性化研究センター『二〇一三年度東北圏社会経済白書』二〇一四年、などを参照。

6　厳密に言えば、周辺の都市に私立高校、地域内にも私立の広域通信制高校のサテライト校が存在するが、K地域からそれらの高校に通うのは、きわめて少数の生徒である。私立高校は、この地域の生徒や保護者、中学校の教師からは、例外的な場合の「すべり止め」校といった位置づけを与えられている。以下では、この私立高校についでは考察の対象としない。

**【K地域における高校制度の歴史的変遷】**

T高校：普通科（1948～）
　　　商業科（1963～2008募集停止）→H高校商業科へ
　　　S分校（1964～1969募集停止）→S高校へ
　　　水産科（2009～）
H水産高校：水産科（1948～2008募集停止）→T高校水産科へ
O高校：普通科（1949～）
　　　農業科（1949～1964募集停止）→O農業高校へ
O農業高校：農業科（1965～2007募集停止）→H高校農業科へ
O工業高校：工業科（1962～2007募集停止）→H高校工業科へ
S高校：普通科（1970～）
H高校：農業科（2008～）
　　　工業科（2008～）
　　　商業科（2008～）
（現存する高校は網掛けにし，学科は下線を付してある）

歴史的な経緯としては、戦前の実業系中等学校を前身とするT高校とO高校が、この地域の高校制度の中心であったが、戦後には、K地域が岩手県沿岸部に位置すること、漁業関係者からの需要が存在したことを背景に、早くからH水産高校が存在していた。その後、高度経済成長と高校進学率の上昇（高校制度の拡張）の時期には、O工業高校が設置され、O高校にあった農業科は、O農業高校として独立した。また、T高校には商業科が設置され、T高校のS分校は、S高校として独立した。

しかし二〇〇〇年代以降になると、高卒就職の縮小を背景として、二つの専門高校（O農業、O工業）およびT高校にあった商業科は、H高校へと統廃合された。また、H水産高校は、T高校の水産科へと統廃合されることになった。

結果として、現在、K地域にあるのは、T高校、

O高校、S高校、H高校の四校である。端的に特徴づけると、T校とO校がいわゆる「進学校」[7]であり、H校が就職希望者の多い専門高校、S校は「地域高校」としての特徴を持った「進路多様校」である。ただし、S校は、その後の少子化の影響もあって、入学者数を減らしており（現在は、一学年一クラス）、県教育委員会は、すでに同校を統廃合の対象に指定している。

地元に住む中学生や保護者の側から見れば、高校受験の際に考慮しうる選択肢がこれしかないので、誰がどの高校に進学するのかは、小・中学校時代の成績と居住地域を加味すれば、ほぼ「周囲にも見えている」[8]状態になるという。わかりやすいと言えば、わかりやすい。選択肢が限られすぎてしまっているると言えば、その通りであろう。しかし、これが、人口規模が比較的大きな地方中核都市を除いた、日本の各地に見ることのできる「地方の現実」にほかならない。

7　厳密に言うと、T校は、近隣にあったS水産高校が募集停止になったことを受けて、二〇〇九年度より水産科を並置している。その意味では、純粋な「進学校」とは言い難い面もあるが、水産科の募集人員は、非常に少ない（二〇名）。以下の考察でT高校に触れる際には、普通科のみを念頭に置いている。

8　O高校出身で、大学に在学中のAさんに、二〇一三年一二月九日に実施したインタビューより。

## 3　K地域の高校生の高卒後進路行動（震災以前）

### (1)　卒業後の進路選択行動の概観

東日本大震災より以前、この地域の高校生たちは、どのような卒業後の進路選択行動を取ってきたのか。それはほぼ、先に示した「進学校」「専門高校」「進路多様校」という、在籍する高校の特徴づけに沿った行動であったと言える。

各高校の卒業後の進路内訳は、近年の傾向として、T校（進学九割強、就職一割弱）、O校（進学九五%以上、就職数名）、H校（進学二五%前後、就職七五%前後）、S校（進学七割、就職三割）といった具合である。若干の注釈を付けておく。大都市圏のように、数多くの高校が〈階層的序列化〉に基づいて「輪切り」された状態にあるわけではないので、「進学校」のポジションにあるT校、O校にも、割合は低いとはいえ、高卒で就職していく生徒が存在している。入学前から高卒就職を希望する生徒であっても、居住地の条件から地元のT校、O校を受験し、実際に合格する者もいるということである。

また、H校とS校の卒業後進路の「進学」には、専門学校への進学が、かなりの割合を占めている。H校の場合には専門高校であるので、高卒就職にはそれなりに強く、就職者が進学者を圧倒的に上回る。S校の場合には、そうした条件はないため、大学へのAO入試や推薦入試を経由した進学のほか、多数は専門学校に進学することになる。

もともと岩手県の大学進学率は、全国平均よりも一〇数％低いが（二〇一三年度には、全国で四五位）、Ｋ地域の高校だけを見ると、その岩手県全体の平均をも若干下回っている。その分、県平均もＫ地域も、全国平均よりも就職率が高くなるのだが、その差は一〇％に満たない。結果として、大学進学は少ないが、進学の少ない分だけ就職が多いというわけではないので[9]、その「残余」が、専門学校への進学に向かうという構図になっている。実際、Ｋ地域の高校全体での専門学校進学率は三割に近づいており、全国平均（一六～一七％）をかなりの程度凌いでいる。

もともとＫ地域では、二〇〇〇年代に入ってから、専門高校や専門学科の統廃合が続いた。そのこと、この地域における専門学校進学率の高さは、ある意味で相関関係にあるとも考えられるので、県の教育政策の判断の是非が問われるという側面もある。しかし、後に述べるように、Ｋ地域の地域労働市場が、高卒での新卒求人を減らしてきたという事実もあるので、事態はそれほど単純ではない。

なお、大都市圏の高校では、高卒後の進路として、進学でも就職でもない「進路未定者」が一定の割合で輩出され、いわゆるフリーター層になっていくという現実がある。大都市圏との類推で言えば、Ｋ地域ではＳ高校のような学校に、そうした進路未定者が多数生まれる可能性があるようにも思われるのだが、実際には、Ｓ高校にもＫ地域の他の高校にも、高卒直後からのフリーター層は、ほとんど存在し

9　佐藤真「学卒労働市場の変容と若年不安定就業問題」『岩手大学教育学部附属教育実践総合センター研究紀要』第一〇号、二〇一一年、を参照。

ていない[10]。

各高校の進路指導の「功績」もあろうが、高卒就職を支援する管内のハローワークの「頑張り」も少なくない。見方を変えれば、フリーター的な働き方に対する地域社会からの厳しい目が存在するとも見られ、そもそも地域労働市場には、フリーター層を十分に吸収するだけのアルバイトなどの需要がないということもあろう。逆に言えば、高校の新卒者を雇用したとしても、「地域の最低賃金ぎりぎりで働いてもらっている」「昔からずっとそう」[11]といった地元企業の側からしても、あえてフリーターを雇う利点は存在しないとも言える。

### (2) 卒業後の進路選択行動と地元

では、K地域の高校生たちの高卒後の進路選択行動は、「地元」との関係で見ると、どうなるのだろうか。

「進学」の場合には、自宅から通える範囲内には大学や専門学校が存在しないため、進学とは、そのまま地元を離れることを意味する。全国的な傾向として、近年では進学希望者であっても、進学先の決定においては「地元に残りたい」と答える高校生が増えていることを考えれば[12]、K地域の高校生にとって、進学は、地域的条件に規定されたものだとはいえ、一つの「決断」を有する出来事となる。また、自宅外からの大学・専門学校への通学は、授業料だけではなく、仕送りなどの家庭にかかる費用負担を大きくする。そのことが、この地域の高校生の進学率を全国平均よりも（さらに、県内平均よりも）低く押しとどめる要因の一つとなっているであろうことは想像に難くない。

「就職」の場合は、どうか。就職先としては、「地元」（K地域のハローワーク管内）、「県内」（盛岡など）、「県外」が考えられるが、高校生の地元志向の高まりを考えれば、最初から県外を希望する者は少数にとどまるようにも想像される。しかし、現実には、K地域の高校の就職希望者のうち、最初から県外就職を希望する者は、四割弱にのぼる[13]。

それには、地元に存在する事業所の数や職種が圧倒的に少なく、先にも触れたように、給与等の条件面でも、地元での就職は、高校生にとっても魅力的に映るとは限らないという理由があろう。K地域を含む岩手県北の沿岸部の特徴であるとされるが、この地域では、求人数が圧倒的に少なすぎて、求職者の側に「選択の余地」がないのである[14]。つまり、「機械（科）」や電気（科）は、生徒も、もともと地

---

10　二〇一四年版の「岩手県立S高等学校・中学生向けの学校案内」によれば、「二・三年次は進路希望別学級で、大学進学から地元就職まで一人ひとりの進路希望実現に向けて指導しており、過去三年間の進路決定率は一〇〇％です」とされる。

11　地元で縫製会社を営むH社で、二〇一二年一一月二六日に社長を対象にして実施したインタビューより。

12　リクルート進学総研の調査によれば、志望校の検討にあたっては、「地元に残りたい」四九％、「地元を離れたい」一八・八％、「どちらでもよい」三二・三％という結果が出ている（『進学センサス二〇一三』二〇一三年）。

13　K地域のハローワークから提供を受けた「平成二五年三月新規学校卒業者の求職動向一覧表」によれば、二〇一二年五月現在での県外就職希望率は、三八・四％である。

14　長須正明「高校新卒者の就職状況」『日本労働研究雑誌』No. 557、二〇〇六年、を参照。

元に企業がないことをわかっているので、県外に視野を向ける」[15]とH高校の教諭が言うように、単純に求人数が少ないというだけではなく、自らが学んだ学科の内容（専門性）とのマッチングも悪く、選択の余地がないのである。

事実、当初からの県外への就職希望は、四割弱のはずなのだが、地元のハローワークに提供を受けた資料によれば、二〇〇二年三月卒から二〇一〇年三月卒までを平均して、この地域の高校生の「県外」への就職率は、実際には就職希望者全体の半数を超えており、地元（管内）に就職する者は、ほぼ三割強にとどまっている[16]。単純に考えれば、就職希望者の一割以上は、当初は県外就職を想定していなかったが、地元（および県内）に就職先がないために、県外就職に切り替えていると推定される。

### (3) 高卒後進路を決める「構造」

見てきたように、K地域の高校生の高卒後の進路選択行動は、きわめて堅固な「構造」に規定されている。高校進学の際の選択肢は数少なく、そのうちのどの高校に入学するかに応じて、すでに高卒後の進路、進学なのか就職なのか、進学だとして大学なのか専門学校なのかが、おおよそ枠づけられている。

もちろん、H校から進学を選ぶ者やO校から就職を選ぶ者のように、それぞれの高校内では「少数派」の進路を選択する生徒はいる。しかし、誰が「多数派」の進路を選び、誰が「少数派」の進路を選ぶのかは、完全に本人の意思や志向に任されているわけではない。進学の場合には、自宅からは通えないという大前提があるため、家庭の経済的事情が大きくのしかかってくる。H校の教員が語るように、

「お金が無い場合には就職」。「高校入学時点で、就職希望ということに決まっている生徒も多い」。「最初から親とある程度の話をしているようなので、進路選択間際になって、経済的理由で進路を変えるような生徒はいない」のである。

単純化してしまえば、H校から進学を選ぶ生徒は、家庭の経済状況に余裕のある生徒であり、S校から就職を選ぶ生徒は、逆に、余裕のない生徒である可能性がきわめて高い。今日では、進学に関しては、大学でも指定校推薦やAO入試が普及したことによって、専門学校では、医療系などの一部を除けば以前からそうであるが、入学に対する「学力」の規定要因が弱まっている。もちろん、K地域の高校に限ったことではないが、相対的には家庭の経済的事情という要因の影響力が強まっているという条件下で、生徒たちは、それぞれの高校の特徴に枠づけられて、自らの進路の展望（希望）を絞り込み、実際に進路選択を行うのである。

そして、先にも触れたが、誰がどの高校に進学するのかは、小学校高学年くらいには、だいたい見えてくる。もちろん「例外」は存在するのだろうが、通常は居住地、家庭の経済的事情、学力が、進学先の高校を決めると言えるだろう。一般に、後二者（家庭の経済力、学力）は相関関係にあることも知られており、そう考えれば、ここに見られる「構造」は、相当に堅固なものである。

15　二〇一二年一一月二六日に実施したH高校の進路指導担当の教員へのインタビューから。
16　K地域のハローワークに提供を受けた「新規高等学校卒業生の就職状況（平成一四年～平成二四年）」による。

この地域の小・中学生にとっては、進学する高校に関しても、高卒後の進路についても、進学・就職後の居住地に関しても、「先（将来）が見えない」というよりは、「先（将来）が見えすぎている」のではないのか。彼らは、自ら進路を「選んでいる」のだろうが、実際には、こうした「構造」によって「選ばされている」[17]。

## 4　震災後の高卒後進路行動

### (1)　高卒後進路行動は変わったか

二〇一一年三月一一日、K地域は未曾有の大震災とその後の津波に襲われ、地域全体が甚大な被害を被った。それでは、大震災以降、K地域の高校生たちの高卒後の進路選択行動には変化が生じたのだろうか。

震災と津波は、K地域の行政にも、地域経済にも、学校教育にも、住民生活にも多大な被害をもたらし、T高校を含めて、被災によって校地の移転を余儀なくされた学校も存在している[18]。もちろん、小・中学生、高校生のなかにも、津波に飲み込まれるなどの被害者が出ており、その保護者や家族もしかりである。直接的な被害を免れた学校であっても、しばらくのあいだは避難所としての役割を果たし続け、住民のなかには、その後も仮設住宅での生活を強いられた者もけっして少なくはない。

地域社会全体として、これだけの経験をしたわけである。そのことは、その後の高校生たちの進路意識や、進学や就職等の進路選択行動に影響を与えたのだろうか。

結論的に言えば、少なくとも進路行動に関しては、すでに論じたような堅固な「構造」は、ほとんど揺れ動いたように見えない。H高校の教員の証言を借りれば、「就職・進学の割合は、震災の前後でほとんど変わらない。変わると思っていたが、変わらなかった」。

もちろん、被災直後の二〇一一年三月の卒業生の進路に関しては、津波で亡くなった生徒、企業じたいの被災のために内定を取り消された生徒、家族の事情で内定先の企業には就職しなかった生徒などがいた19。しかし、翌二〇一二年三月の卒業生の進路に関しては、見事なまでに、大震災の以前から続いてきた「構造」が復活していたのである。

17 こうした「構造」の存在は、もちろんK地域にのみ特有のものではない。居住地から選択できる高校の数が限られている地域では、伝統的に存在してきたものでもあろう。例えば、民主教育研究所「現代社会と教育」研究委員会『現代企業社会と学校システム』一九九六年、を参照。

18 全体的な状況については、『岩手県教育委員会東日本大震災津波記録誌』二〇一四年、を参照。K地域の学校の被災から学校再開までのプロセスとその後については、清水睦美ほか編『「復興」と学校』岩波書店、二〇一三年、を参照。

19 先のH高校の教員へのインタビューのほか、二〇一二年六月一四に実施したT高校の進路指導担当の教員へのインタビュー、同年一一月二七日に実施したS高校の進路指導担当の教員へのインタビューによる。

## ⑵「構造」の復活を可能にしたもの

なぜ、それが可能になったのか。

進学に関しては、確かに震災や津波の被害を受けて、親を亡くした生徒も存在したし、家庭の経済的事情が悪化した生徒も数多くいたはずである。しかし、行政だけではなく、義援金などを含めた被災者支援が進み、大学等でも進学を希望する被災地の生徒に対する奨学金や授業料免除などの措置が整えられたことが、高校生たちの進学行動を後押しすることになった。

「震災にともなう家庭の状況変化で、進学希望を就職希望に変えたりとか、そういうのはあまりなかった」。「ご両親を亡くした生徒は二人いた。一人は、祖母と暮らしており、優秀で、筑波大学に進学した。保護者を亡くすと義援金、納付金がいろいろとある。特にその生徒は、（部活動で）対外的にも活躍しており、奨学金を給付でもらうこともできた」[20]といった状況である。

就職に関しては、就職者全体の七割弱を占める県外および県内（管外）就職の場合には、被災の影響は計算しなくてよい。むしろ、被災地域の高校生への求人を優先する企業も存在したくらいである。ただし、三割強を占める地元（管内）就職に関しては、K地域には被害を受けた企業や事業所も多かったため、当然のことながら、困難が予想された。

しかし、この局面では地元のハローワークが、奮闘したと言える。求人数の減少が予想されたため、かなり早い時期から、ハローワークの職員が管内の企業回りを行い、求人開拓に努めた。また、復興事業の関係で、それまでは高卒求人が途絶えていた建設関係の企業から、新規求人が来るようになったことなども幸いした。結果として、ハローワークは、すでに二〇一二年度には二〇一一年度を上回る高校新卒者向けの地元企業からの求人数を確保していたのである21。そもそも希望者の絶対数がそれほど多くないためにできた「芸当」であるともいえるが、就職希望者に相当する数の求人を確保できたことの意味はけっして少なくない。

こうして、高卒後の進路「行動」という次元においては、K地域の高校生たちの進路選択は、震災以前も以後も変化していない。「意識」の次元においては、彼らの進路意識を揺さぶるものは、多々あったかもしれない、しかし、それが、進路選択の「行動」を枠づける「構造」を揺るがすことはなかったのである。

## 5 「変わらない現実」をどう考えるか

### (1) 「意識」と「行動」

こうした「変わらない現実」をどう考えればよいのだろうか。すでに指摘したように、一般的には、

---

20 T高校の教員インタビューより。

21 二〇一二年六月一四日に実施したOハローワークの所長および高校新卒担当の職業指導官へのインタビューより。

震災を契機として、若い世代の「意識」が地元志向や地元定着へと傾斜したことが知られている。

H校を卒業して地元企業に働くBさんは、「地域の復興には、たぶんまだ何十年とかかると思う。この街が元に戻るのには。それでも、ここに居たいし、復興に関して、いろんな人が支援に入ってくれたりしているので、私たちもそれに応えないといけないと思っている。地元に残ることも、地元への貢献のつもり」22と語る。同じ経歴のCさんも、「S町の地元では、うちの一軒だけが残ってしまったような状況で。回りに人もいなくて、寂しく思うこともあります。でも、地元に残って、地元を支えていけたらと思っている」という。

地元に貢献したい、地元を支えたいといった意識や感覚が、震災を契機に、K地域の若者のあいだにも強まっていることは、おそらく間違いないのではないか。しかし、BさんやCさんのように、地元就職というかたちで、それを実行に移す者の割合は、震災後も震災の以前と変わってはいない。これが、この地域の「現実」であり、日本社会における「地方の現実」の縮図なのである。意地の悪い見方になってしまうことを覚悟で言えば、BさんやCさんは、震災があろうとなかろうと、H高校への進学を決めたその時点で、卒業後は地元で就職する可能性が強いという「構造」に枠づけられていたとも言えるのである。

もちろん、地元への定着や貢献は、高卒での就職のみならず、大学などに進学した後の、あるいは、しばらくは外で働いた後のUターン就職といったかたちでも果たされうる。震災の影響によって、このUターン行動にどのような変化が現れるのか、それとも現れないのかに関しては、現時点では判断することはできない。地元の中小企業家同友会で活動し、指導的な立場にあるTさんは、一八歳時点では「流出」超過の状態であっても、二〇代や三〇代あたりで、Uターンを中心とする「流入」が増加して街が活性化することを、復興後のK地域に期待される将来像として描いていた23。それはそれで、現実的な可能性を持ったK地域の将来構想であるのかもしれない。

実際、O高校を卒業後に県外の大学で学んでいる、先にも登場したAさんは、「震災の前は、かなり漠然と、大学出たら、適当に就職するんだろうな、と思っていましたけど。その後、地元やその周辺が、かなりひどいことになっているということを聞いたりして、将来的には、地元に貢献できるような仕事ができればなあ、と考えるようにはなりました」。「地元あるいは岩手に戻るということも、まったく考えなくはないです。ただ、それは、卒業してすぐではないだろうな、とも」と語っている。これは、地元企業のTさんが描く将来像とも合致している。

しかし、そう語った後にAさんが続けるのは、次のようなセリフなのである。「ただ、自分が思っているような仕事に就こうと考えると、そうしたらまず岩手には口がないだろうなあ」と。おそらく現時点では、これが「真実」なのではないか。若者たちの「意識」が地元志向の側に傾いたとしても、産業構造や労働市場といった地元をめぐる社会的現実が動かない限りは、彼らの「行動」は変わらない。そ

22 二〇一二年一一月二六日に実施した地元企業T社での若手社員へのインタビューより。
23 二〇一三年二月一八日に実施した地元企業D社での社長へのインタビューより。

して、そのことで若者たちを責めることは、誰にもできない。

### (2) 高校教育の変わらなさ

被災地域における「復興と教育」について考える時、調査で訪問した高校の教員たちが、生徒の卒業後の進路先を確保することにのみ汲々としているように見えたことが、実は気になって仕方がなかった。もちろん、卒業後の進路先を確保することは、生徒や保護者の切実な願いであり、高校の教員としての責務でもある。しがたって、それじたいが問題だということではない。しかし、筆者が感じてしまった違和感は、「それだけでいいのか」というひと言に集約される。

訪問した高校では、それが被災地の高校であり、その学校じたいが、多かれ少なかれ震災による被害を受けたにもかかわらず、学校の日常においては、地元の地域が意識されることがほとんどない。そうだとすれば、当然のことではあるが、この地域および生徒たちは、これだけの被災体験をしたのだから、その被災体験も踏まえたうえで、地元の地域を復興し、新たに創りあげる、そのために「高校教育に何ができるか」を構想するといった発想は、残念ながら出てこないのである。

T校やO校のような「進学校」の場合には、ともかく生徒たちの進学実績が、震災以前のラインを維持できるかどうかという点に、教師たちの関心がもっぱら注がれていく。これらの高校においても、被災直後の時期には、「災害ユートピア」[24]の喩えよろしく、それ以前とは明らかに異なる学校空間が生まれていたはずである。そこでは、進学実績を競うような能力主義的な空間が学校を支配するのではなく、お互いの生命と共生の感覚が大切にされ、励ましあい、癒やしあう人間的な空間が、垣間見られたのではなかったか[25]。しかし、こうした空間は、時が経つにつれて、また元どおりの能力主義的な空間に、日本中の高校を覆う進学実績競争の論理が支配する「日常」へと回収されていったように見える。そうであれば、地元の地域の復興に貢献できるような学びや活動への志向は、進学競争のための学びを前にして、ただの「邪魔者扱い」されていく運命にしかないのである。

他方、H校やS校の場合の「日常」の回復は、進学実績をめぐる学校間競争への回帰ではない。これらの高校の場合には、生徒たちの卒業後の就職先として、つねに地元の地域が意識に入っている。ただし、気になるのは、その意味での「地元」は、生徒たちの「受け入れ先」を準備してくれる場所であって、高校の側が主体的にかかわって、復興をいっしょに創っていくものとしては意識されていないように見えた点にある。これが、H校やS校にとっての震災以前の「日常」であり、実際には被災後においても、時間の経過とともに、回帰していく「日常」なのである。

この地域の高校生たちの高卒後の進路選択行動を規定してきた、変わらない「構造」は、地域経済を含むK地域の「社会的現実」でもある。そして、結局のところ、高校教育の「体質」もまた、各学校が、

24 レベッカ・ソルニット（高月園子訳）『災害ユートピア』亜紀書房、二〇一〇年、を参照。
25 清水睦美ほか編（前掲書）を参照。

〈階層的序列化〉のもとで自らに振り分けられた役割を忠実にこなすべく、生徒の進路支援を行うという意味で、震災以前と以後でまったく変わってはいない。

# Ⅲ　高校教育の新たな展開

# 5章　総合学科を再考する
## ――A県B高校での実態調査

これまでの章では、高校の〈職業社会からの疎隔〉と〈階層的序列化〉という本書が設定した二つの視点を踏まえ、それぞれの章が考察の対象としたテーマや領域は異なるが、総じて、現在の日本の高校が、多くの点で困難や課題を幾重にも堆積させ、制度全体として見た場合には、ある意味での〈臨界点〉に達しつつある様相を点描してきた。

言ってしまえば、がんじがらめの「構造」によって、高校教育の現場が身動きできなくなっている状況を描いてきたわけであるが、それでは、日本の高校教育にとって、こうした困難や課題を集積させた〈臨界点〉からの脱出口は、そもそも存在しないのか。――おそらく、そうではあるまい。ただし、「出口」をどこに求めることができるのかを探ることとじたいが、かなりの「困難」や「課題」に直面せざるをえない営みであることは自覚する必要がある。この本の以下の章では、その突破口を探ること、少なくとも脱出口を探るための基礎作業となる考察を試みたい。

そうした観点から、この章では、戦後の新制高校の発足以来、四五年ぶりに登場した新設の学科である総合学科に着目し、その後の制度的な展開プロセスも含めて、総合学科が持つ可能性と限界に迫ってみたい。

## 1　総合学科の制度的展開

戦後の高校制度において、普通科、専門（職業）学科と並ぶ新たな学科として総合学科が創設されたのは、一九九三年のことであり、それ以来、すでに二〇年以上が経過している。総合学科を設置する学校数は、初年度の一九九四年には七校であったが、二〇一八年には三七五校にまで増加している。総合学科に在籍する生徒数が、高校生全体に占める割合も、五・四％である。

この数を多いと見るか、少ないと見るか、総合学科の発展を順調と見るか、そうではないと見るかは、議論が分かれるところかもしれない。

確かに、新たな学科の形態が創設されて、それに合わせた学校を設置するということは、並大抵のことではない。総合学科高校の多くは、すでに存在していた高校（場合によっては、複数の高校）を「母体校」としているが、それでも、母体校を土台に、総合学科に合わせた施設・設備の整備、教員の配置、教育課程の編成を行うには、それなりの労力と資源の投入が必要である。新規の制度にはそうした制約や困難が伴うが、それにもかかわらず、この二〇数年で、ここまで総合学科が拡張してきたことは、その堅調な発展ぶりを示しているという評価は、当然にありうるだろう。

しかし、他方で、総合学科の創設時には、それが「高校教育改革のパイオニア」となることが期待

総合学科を設置する学校数

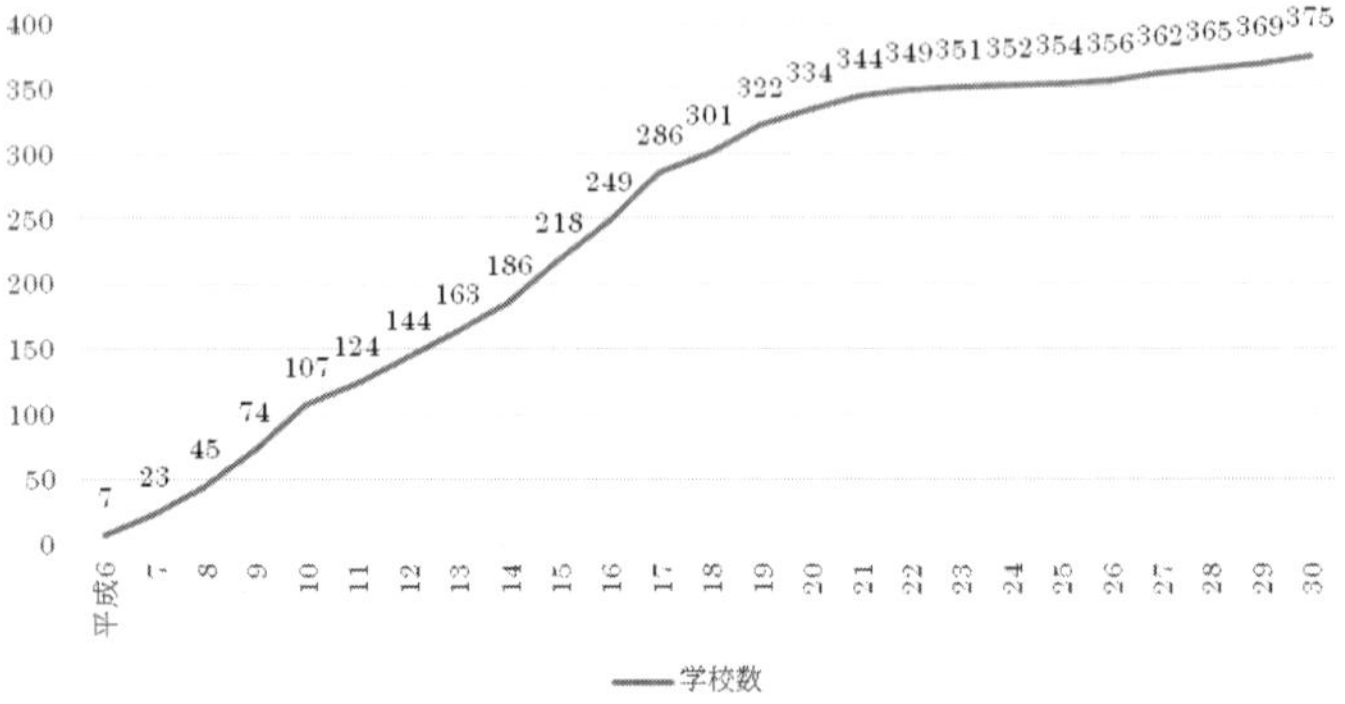


され、当時の文部省の政策担当者からは、将来的には普通科や専門学科を超えて、高校の学科の主流になるべきだといった声も聞かれたこと[1]に照らせば、現状は、まだまだ満足のできる状況にはないとも判断できる。少なくとも、その後の文部科学省の政策は、総合学科の展開について、各県の高校通学区域に一つ以上の総合学科を設置することをめざしていたふしがある[2]。そうだとすると、そのために必要な総合学科は、五〇〇校ほどになるはずであるが、現状はそこには届いていない。

実際、総合学科の増加ペースを見ても（グラフを参照）、創設時から二〇〇〇年代半ば頃までは、かなり高い増加率で推移していたが、それ以降は、増加傾向を続けているとはいえ、増加率は、明らかにペースダウンしている。

また、ここ数年の総合学科の設置は、総合学科が当初掲げていた理念を実現するためのものというよりは、少子化の進行によって、定員の充足が困難になった専門学科を統廃合していく手段として、総合学科を活用しているようなケースが見られることも事実であろう。

さらに、教育政策サイドの判断としても、中央教育審議会の答申「今後におけるキャリア教育・職業教育の在り方について」（二〇一一年）が、総合学科について、以下のように指摘していたことも注目される。「総合学科全体として見た場合、導入当時に期待されていた教育の特色をいかし、その役割を果たすことができているかどうかを含め、現時点での成果と課題の検討が必要である」と。

こうした意味で、発足時には華々しくデビューし、しばらくは順調な発展を見せていた総合学科は、現時点では、ある意味での岐路に立たされているようにも見える。

## 2　総合学科の「多様性」

本章は、以上のような意味で、岐路に立つ総合学科の「現在」を、その現実の姿に即して理解することを目的とする。総合学科の教育が実際に果たしている役割、端的に言えば、それが生徒たちにいかなる意識や能力を育てているのかを、総合学科高校であるA県B高校の事例に即して考察したい。

1　寺脇研『動き始めた教育改革』主婦の友社、一九九六年、を参照。
2　総合学科の今後の在り方に関する調査研究協力者会議「総合学科の今後の在り方について」二〇〇〇年、を参照。

ただし、その際に留意すべき点として、三七〇校を超えるまでに発展してきた総合学科の形態は、実際には個々の学校ごとにかなり多様であるという事実がある。総合学科の今後の在り方に関する調査研究協力者会議の「報告書」（二〇〇〇年）を手がかりにすると、総合学科の開設に際しての学科改変の状況には、

> ① 普通科からの改編（二三％）
> ② 専門学科からの改編（二七％）
> ③ 普通科と専門学科とを併設していた学校等の改編（四四％）
> ④ 新設（六％）

というばらつきがある。①④はともかくとしても、占める割合も多い②③の場合、当然、総合学科に設置する系列（普通科目および専門科目からなる、一定のまとまりのある選択科目群）には、前身となった高校の専門学科の内容を引き継ぐことが多い。他方で、報告書によれば、それぞれの総合学科が設置している系列の数は、二系列から九系列にまで及び、五～八系列を設置している高校が、全体の八割を占めるという。要するに、多くの総合学科は、母体校に専門学科が存在した場合には、その専門教育の内容を系列に引き継ぎつつ、その他の系列も複数設置している。母体校に専門学科がなかった場合には、新たに複数の系列を設置することになる。

こうした系列設置の組み合わせを概観すると、総合学科全体では、実に多種多様な組み合わせのパターンを有する高校が存在することになる。前述の「報告書」（二〇〇〇年）以降の状況を調査した先

行研究[3]によれば、全国の総合学科が設置している系列のパターンは、大分類として「普通型」「やや職業型」「職業型」「その他」に分流され、さらに下位の分類を行うと、

> ①「普通型」は、「文系」「理系」「進学特進」「外国語・国際」等の八パターン
> ②「やや職業型」は、「スポーツ健康」「看護・福祉・保育」「情報ビジネス」等の七パターン
> ③「職業型」は、「商業」「農業」「工業」「福祉」等の九パターン
> ④「その他」は、「エコロジー」「美容・服飾」「ライフデザイン」等の七〇パターン以上

になるという。

こう見てくると、総合学科の実態は、設置の際の母体校との関係でも、系列の設置を軸とする教育課程の編成においても、実に多種多様、百花繚乱の状態であることがかわる。そして、今では、この制度の創設時には想定していなかったであろう「進学重視型」の総合学科[4]までもが存在しているのである。とすれば、総合学科を一括りにして、すべてを一緒くたに語ることは、もはや不可能である。本章では、筆者が数年前に継続調査を実施したA県B高校（総合学科の単独校）をケーススタディの対象とするが、では、なにゆえに、いかなる基準から、B高校が調査対象だったのか。

---

3 阿部英之助ほか「高校総合学科における『職業教育度』と『母体校の編成』との関係」『和歌山大学教育学部紀要教育科学』第六四集、二〇一四年、を参照。

4 阿部英之助ほか「クラスター分析による高校総合学科の類型分析——『普通科型』総合学科の分析を中心として」『和歌山大学教育学部紀要教育科学』第六五集、二〇一五年、を参照。

B高校が、全国の総合学科のなかでの「代表性」や「典型性」を備えた学校であるかどうかについての判断は留保するが、少なくとも筆者が見る限り、B高校は、総合学科の創設時の「理念」に忠実に沿った学校であると思われたからである。もちろん、すでに紹介したように、実際の総合学科のありようは、学校ごとに多種多様である。しかし、総合学科の可能性と限界を理論的に掘り下げていくためには、まずは、創設時の理念に近いと思われる高校を事例にすることが妥当であると判断したということである。

なお、ここで言う総合学科の創設時の「理念」とは、当時の文部省の言葉を借りれば、教育課程において「幅広い選択科目を配置し、生徒の個性を生かした主体的な学習が可能となっていること」および「将来の職業選択を視野に入れて、自己の進路への自覚を深めさせる学習を重視していること」[5]である。生徒の卒業後の進路希望としては、大学や専門学校などへの進学も、就職もともに想定する。同時に、入学時点で進路希望が未定であるということを否定的には捉えず[6]、在学中に進路探究と進路希望の確定ができるようになることを重視するというものである。

## 3　調査の概要

### (1)　B高校の概要

さて、調査の対象となったA県B高校の概要を示しておきたい。B高校は、総合学科のみを設置する県立高校、全日制課程の共学校であり、各学年六クラスで編成されている。入学者の男女比は、例年、男子四割、女子六割といった具合である。B高校が総合学科になったのは、二〇〇〇年のことであるが、前身となった高校は、長く地元地域に定着していた普通科と農業科の併設校であった。そうした経緯も踏まえつつ、B高校が設置している系列は、人文社会、自然科学、芸術・スポーツ、生活福祉、国際文化、環境科学、食品科学、情報ビジネスの八系列である。

B高校の教育課程を見ると、総合学科の原則履修科目である「産業社会と人間」を一年次で二単位、「総合的な学習の時間」を二年次に一単位、三年次に一単位、同じく総合学科の原則履修科目である「課題研究」を三年次に二単位、置いている。これ以外に、学習指導要領が定める必修科目および選択科目を一年次~三年次に配置し、各系列に属する総合選択科目、自由選択科目を二年次に二〇単位、三年次に二四単位おいている。開設している選択科目の数は、全部で一六五科目になるが、このうち三一科目は、学年指定がなく、二年次でも三年次でも履修できる。また、選択科目のうち、普通科目は七四科目、専門科目は九一単位である。

B高校の生徒の卒業後の進路は、概ね大学進学が三割、短大進学が二割、専門学校進学が三割、就職が一割、進学準備等が一割といった形で推移しており、ここ数年、この比率が大きく変動するようなこ

5 文部省初等中等教育長通知「総合学科について」一九九三年三月二二日、を参照。
6 文部科学省「幅広い科目のなかから選んで学ぶ総合学科」(パンフレット)二〇一四年、を参照。

とはないという。

以上を踏まえれば、B高校では、普通教育と専門教育のどちらかに偏ることもなく、生徒が自由に選択できる幅広い選択科目を配置している。そして、生徒の卒業後の進路も、きわめて多様である。これらは、普通科でも専門学科でもない第三の学科としての総合学科の特色を示すものであり、「自己の進路への自覚を深めさせる学習」を重視するという創設時の総合学科の理念にも合致するものであろう。

### (2) 調査の概要

著者が実施したB高校についての調査は、科学研究費補助金に基づく共同研究として行われたものであり、全体として以下のような調査（学校側から資料提供いただいたものを含む）を行っている。

① 校長、総合学科主任、教員へのインタビュー（二〇一五年〜一六年）
② 生徒（高一〜高三）に対する質問紙調査（二回、二〇一五年）
③ 生徒（高三）への卒業時インタビュー（二〇一五年）
④「産業社会と人間」「課題研究」の発表会の参与観察（二〇一五年）
⑤ 高一〜高三の教育課程表（二〇一五年）
⑥ 生徒（高一〜高三）の進路希望調査（二〇一五年）
⑦ 生徒（高二〜高三）の科目履修状況調査（二〇一五年）
⑧ 卒業生の進路先一覧（二〇一六年）

率直に言って、これだけの調査を行うことができたのは、ひとえにB高校からの全面的な協力が得られたことによる。特に、⑥〜⑧は、B高校が独自に実施し、集計したものをそのまま提供していただいた。

以下、本章での分析は、上記のうち②④⑧を直接的に参照したものであるが、その認識のベースには①〜⑧の結果を踏まえている。

## 4　総合学科をどう見るか

### (1)　先行研究の整理

この章における分析の視点を確認するために、まずは、総合学科についての主な先行研究を概観しておく。

論文データベースなどに当たれば、すぐにわかるが、総合学科についての研究は、量的にはかなり蓄積されてきている。しかし、制度としての総合学科を対象に据え、その全体像を明らかにするような研究は、意外なほどに少ない。唯一、目につくものとしては、文科省の委託事業である「総合学科の在り方に関する調査研究」（調査研究機関：東京女子体育大学、研究代表者：服部次郎）7がある。

同研究は、アンケート調査や実地調査を踏まえて、総合学科の全体像に迫ろうとするものである。そ

7　『総合学科の在り方に関する調査研究報告書』二〇一二年、を参照。

こでは、「生徒の意識」「指導上の工夫」「産業社会と人間」についての調査、校長および都道府県教育委員会への質問紙調査、卒業生へのインタビュー調査が実施され、総合的・包括的に総合学科の現状を把握しようとしている。報告書からは、総合学科の現状の多様性、指導上の困難や課題、教員配置や教員研修のうえでの課題、中学校の理解にかかわる課題などを読みとることができ、得られる知見も少なくない。ただし、全体としての実態把握は、やや「総花的」な印象を受け、個別の論点を十分に掘り下げたものとは言いにくい。

これに対して、総合学科の全体像ではなく、個別の総合学科高校を対象として、教育課程の編成や教育実践上の成果などに焦点を当てようとする先行研究は、数多く存在している。ただし、これらの研究のなかには、当該校の教育のありようを研究的に対象化して分析・考察するというよりは、たぶんに実践報告的な内容にとどまっているものも多い。

本章の研究関心に比較的近いものとしては、小西による一連の研究[8]がある。小西の研究は、パネル調査によって、総合学科の枠組みが、生徒の進路意識に与える影響を探ろうとする点で、大変に興味深いが、その焦点は、今のところ「進路未定者」の存在や「職業観」に当てられているという点で、この後に述べる本章の視点とは若干異なっている。

## (2) 総合学科への視線

この章での分析の視点の特徴を浮き彫りにするうえで役立つと思われるので、先行研究そのものではないが、これまで総合学科がどのように見られてきたのかについて、教育界の内部での受けとめや教育雑誌の論調などを手がかりに整理しておきたい。

端的に言って、創設時の総合学科に対する教育界内部での見方や評価には、次のような二つの有力な潮流があった[9]。一つは、職業教育を行う専門学科との比較のもとに、総合学科を見るというものであり、総合学科における職業教育の「不完全さ」を批判するものである。その趣旨は、大幅な科目選択を原理とする総合学科の枠組みでは、専門学科と比較した場合、生徒の学習の系統性が保障されないという点にあった。確かに、総合学科に設置される系列は、生徒に対する履修の目安を示すことはできても、必修科目や選択必修科目のような形で、履修を縛るものではない。それゆえ、生徒の履修が非系統的になったり、「安易な」方向に流れたりすることが危惧されたのである。総合学科は「食べやすいが、芯のない〝おかゆ学科〟になる可能性」を否定できないというわけである[10]。

もう一つは、普通科（のいびつさ）との比較から総合学科を評価するものである。青年期教育の視点

---

8　小西尚之「高校生はいつ、どのように進路を決めるのか」『北陸大学紀要』三八、二〇一四年、同「高校在学時から卒業後にかけての職業観の変化」『北陸大学紀要』四〇、二〇一六年。

9　小島昌夫「総合学科をめぐって問われているもの」教育科学研究会ほか編『高校教育のアイデンティティ』国土社、一九九六年、を参照。

10　多湖勲「『総合学科』は高校改革のパイオニアになりえるのか」『高校生活指導』第一二八号、一九九六年、などを参照。

からすれば、生徒の進路分化が促される高校教育には、普通教育とともに専門（職業）教育が必要であり、本書では再三指摘してきたように、学校教育法の高校教育の目的も「普通教育及び専門教育を施す」（第五〇条）と明示されている。にもかかわらず、現実の普通科には普通科目しか設置されていないケースが圧倒的である。その点、総合学科は、生徒の科目選択に基づきつつ、普通教育とともに専門（職業）教育を提供することができる。その意味で、本来の高校教育のあり方を実現する可能性があると期待されたわけである11。

二つの潮流の議論は、総合学科を評価する際の「軸」が異なっているので、容易に交わるものではない。ただし、創設時においても、現在においても、総合学科の設置は、既存の専門学科の統廃合を含んで進展してきたことが多かったのは事実であり、その総合学科が、専門学科の職業教育を代替できるものではないという指摘には、素直に耳を傾ける必要がある。

しかし、他方、当時も今も、ほとんどの普通科には（学校設定科目として設置しているごく少数の高校以外は）職業教育の科目が配置されていないという現状は、やはり青年期教育のあり方としてもいびつさを孕んでいる。その観点からの総合学科への期待には、当然、首肯できるところがある。

ところで、二〇〇〇年代の前半以降、小・中・高校の現場にキャリア教育が導入されるようになると、教育界の内部における総合学科への評価や見方には、また別の潮流が登場し、有力になってきている。単純に言ってしまえば、総合学科は、キャリア教育に親和的なカリキュラムを有しており、実際、キャリア教育に熱心な学校が多いというものである。こうなると、総合学科の教育を評価する軸も、「勤労観・職業観」の育成や、将来設計能力などを含めた「基礎的・汎用的能力」の育成という、キャリア教育の目的の側に寄ってくる。総合学科の理念とキャリア教育の理念には、もちろん重なるところも多いが、総合学科の元々のねらいに注がれる視線は、全体としては薄れつつあるようにも見える。

### (3) 本章の視点

以上の点の検討も踏まえ、この章での考察の視点は、きわめてシンプルに設定することにした。それは、創設時の総合学科のねらいという「原点」に立ち返ることでも、専門学科や普通科と比較することでも、キャリア教育の充実度から判断することでもない。そうした「評価軸」を設定してしまう前に、そもそも現在の総合学科の教育が、生徒にどのような意識や能力を育てているのかを正確につかまえておく必要があるというものである。以下、B高校での調査の結果を踏まえて考察していく。

---

11 小島昌夫「『総合学科』について検討する」『季刊高校のひろば』一七号、一九九五年、国民教育文化総合研究所『教育総研年報二〇〇四』二〇〇四年、などを参照。

## 5 「職業的意識」か「キャリア意識」か

### (1) 「職業的意識」への注目

筆者らの研究グループでは、当初、総合学科であるB高校が、実際に生徒に育てているのは、以下のような意味での「職業的意識」なのではないかと仮定してみた。ここで言う「職業的意識」とは、職業教育を行う専門学科が育てているような「特定の職業に関連する知識や技能」ではないが、「職業に向かおうとする意識」のことを指している。別の言い方をすれば、総合学科の教育は、「職業教育」としては不十分であるかもしれないが、効果的なかたちで「職業的意識の教育」を行っているのではないかと考えたわけである。

こうした仮説の妥当性を検証する目的で、高一～高三の全生徒を対象とした質問紙調査では、第一回実施の際から、次のような「職業的意識」を尋ねる質問項目を入れていた。

① 職業について考えることがある
② 将来つきたい職業がある
③ 今後の進路と職業について具体的に考えている
④ 将来の職業のために準備している
⑤ 進学するならば、将来の職業を重視して選ぶ
⑥ 将来、働くことのイメージをもっている

職業的意識（「大いにあてはまる」の割合）

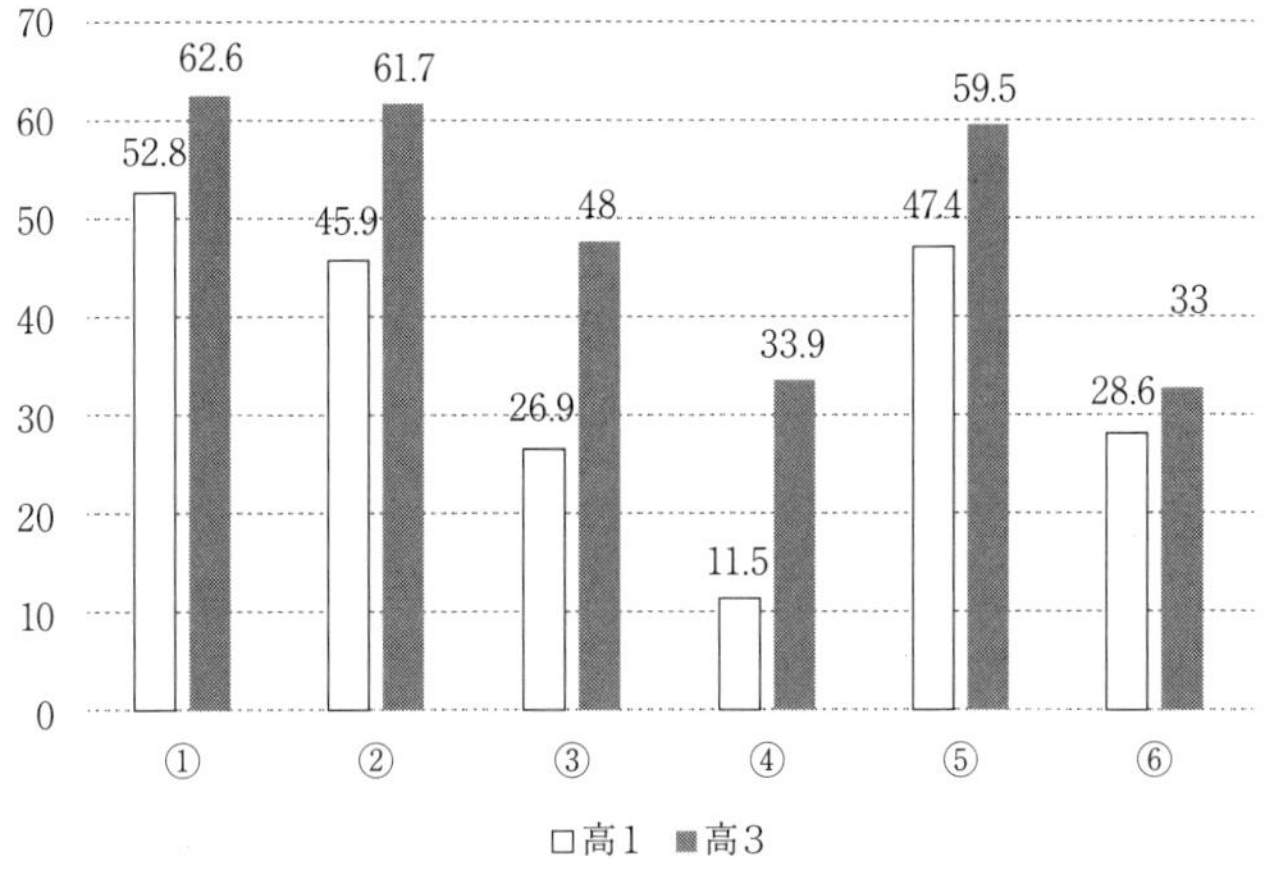


はたして、結果はどうだったか。

グラフは、第二回の調査（二〇一五年一〇月実施）から、各質問に対する五段階の選択肢のうち「大いにあてはまる」と答えた生徒の割合を高一と高三で比較したものである。

全体を見れば、①〜⑥の質問項目に対する肯定的回答は、学年進行で上昇している。そのことは、総合学科の教育を受けることが、生徒の「職業的意識」を高めることになると予見させる根拠にならなくはない。ただし、気になるのは、③④⑥の質問に対する肯定的回答の数値が、そもそも低いことである。これらは、①②⑤の質問とは違って、漠然と職業を意識しているだけでは肯定的に回答できず、具体的な職業を前提として、その職業に向かおうと意識していることを必要とする。そして、この数値が低いのである。

実際、各質問に対する肯定的回答が、高一から高三にかけて学年進行で上昇するのは、B高校の教育の成果というよりは、単純に年齢の上昇による効果であろうとも言えてしまう。高三ともなれば、当然、就職を含めた卒業後の進路を具体的に考えざるをえなくなるという事情もあろう。

実は、全生徒を対象とした質問紙調査では、B高校が総合学科の教育課程として実施している、(1)高一の「産業社会と人間」、(2)高二の「キャリアプランニング」（総合的な学習の時間）、(3)高三の「キャリアデザイン」（課題研究）の各単元、および(4)インターンシップ、(5)総合学科研究発表会について、自分の将来や卒業後の進路選択に役立ったかどうかを聞く質問項目が設けられている。そして、先の「職業的意識」に関する質問項目への回答結果と、これらの教育課程の各メニューについての質問項目に対する回答結果をクロス集計したところ、ほとんどの項目で相関関係がないことが判明した。

要するに、生徒たちの「職業的意識」は、年齢（学年）とともに上昇するとはいえ、それが、総合学科の教育のどの部分の影響を受けたものだとは想定することができないのである。

### (2) 「キャリア意識」への着目

以上の結果を受け、筆者らのグループでは、当初の仮説の変更を検討し、総合学科であるB高校が、実際に生徒に育てているのは、次のような意味での「キャリア意識」ではないかと仮定し直してみた。ここに言う「キャリア意識」とは、「将来の進路は自ら探求し、決定し、実現していかなくてはいけないという自覚」であり、「そのために必要な汎用的な能力を身につけようとする意識」のことである[12]。

このことを検討するために、高一～高三の全生徒を対象とした質問紙調査の第二回には、以下のような「キャリア意識」に関する質問項目を追加した。

① 入学時よりも、将来の職業や進路など自分のことは自分で決めようと意識するようになった
② 入学時よりも、自分で考えたり行動したりするようになった
③ 入学時よりも、将来、社会に出て行くことに自信が持てるようになった
④ 入学時よりも、自分の意見を発言できるようになった
⑤ 入学時よりも、うまくいかないことや失敗することがあっても、ねばり強く取り組めるようになった
⑥ 入学時よりも、職業や進路に関心を持つようになった

では、生徒の「キャリア意識」に関する質問への回答は、どうだったのか。

キャリア意識（「大いにあてはまる」の割合）

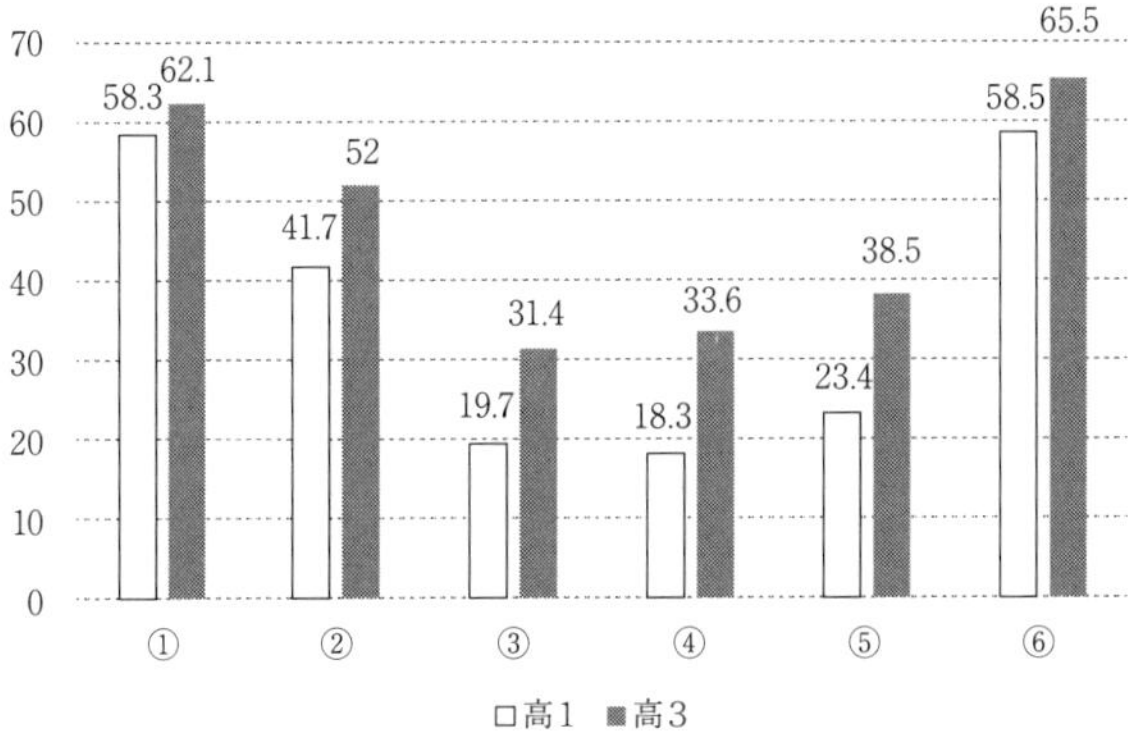


グラフは、先の「職業的意識」に関する質問項目と同

12　中央教育審議会答申『今後の学校におけるキャリア教育・職業教育の在り方について』二〇一一年、を参考にした。

キャリア意識のグループ別比率

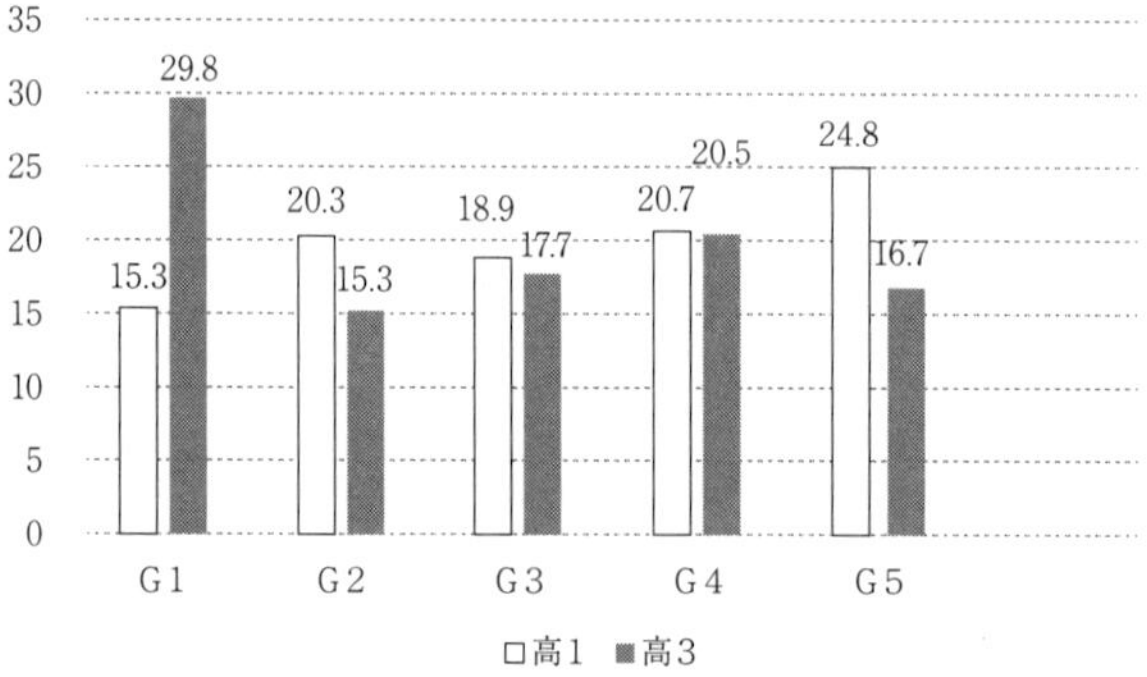


様に、第二回の調査（二〇一五年一〇月実施）から、「キャリア意識」についての各質問に対する五段階の選択肢のうち「大いにあてはまる」と答えた生徒の割合を高一と高三で比較したものである。

質問の①⑥を除くと、生徒にとっては、それなりにハードルの高い質問内容である。それゆえ、肯定的回答の割合は、「職業的意識」の各質問と比較しても高くはない。しかし、学年進行に応じて、肯定的回答の割合は増加している。とりわけ、高1の時点で肯定的回答の低い質問（③④⑤）ほど、増加率が高くなっていることがわかる。

試みに、「キャリア意識」に関する各質問を総合して、高一～高三の生徒をキャリア意識の高いグループ（G1）から低いグループ（G5）にまで五段階に分類して、その比率を学年別に表すと、以下のグラフのようになる。

ここでも、高一から高三にかけて、「キャリア意識」の高いグループが増加していくことがわかる。

そして、「職業的意識」に関する質問と同様に、「キャリア意識」の各質問項目への回答結果と、(1)高一の「産業社会と人間」、(2)高二の「キャリアプランニング」(総合的な学習の時間)、(3)高三の「キャリアデザイン」(課題研究)の各単元、および(4)インターンシップ、(5)総合学科研究発表会についての質問項目への回答結果との相関関係を見てみた。

結果は、(2)の各単元のいくつかを除くと、他のほとんどの項目で有意な相関関係を認めることができた。(2)の単元のいくつかが、なぜ相関しないのかについては、根拠のある分析はできないが、単元の内容じたいが、「平和学習講演」「オープンキャンパス」「研修(就学)旅行」に関するものであり、いわばこの科目のために考え抜かれた教育内容であるというよりは、高二で実施する学校行事に連動したものであったからであるように推察される。

以上のことから、総合学科としてのB高校の教育が生徒に育てているのは、「職業的意識」であるというよりは「キャリア意識」であると推察できるのではないか。もちろん、「キャリア意識」の上昇についても、学年(年齢)の上昇による自然な成長といった側面を無視することはできない。しかし、そこには少なくとも、B高校の教育課程の影響や効果がプラスされていることが推測できよう。

## 6　総合学科の可能性と限界

### (1)　調査結果から導かれること

以上の分析を踏まえたうえで、いくつかの考察を行いたい。筆者らのグループは、まず、総合学科としてのB高校が生徒に育てているのは、専門学科と同様の意味での「特定に職業についての職業的知識や技能」ではないだろうという点を出発点とした。それは、B高校が職業科を前身に持つ総合学科だとしても、それは設置している系列の一つに移行できただけで、すべての系列に関して、フル装備の職業教育を実施するような体制にはない（施設・設備、教員スタッフ、予算、教育課程のすべての面で）と判断したからである。

そこで、研究の当初は、育てているのは、具体的な職業的知識・技能ではないが、「職業に向かおうとする意識」（職業的意識）ではないかと考えてみた。それは、「専門学科>総合学科>普通科」というグラデーションで見れば、総合学科は、職業への意識を育てるという点で、専門学科には劣るが、普通科には勝る。そのことが、総合学科の特色なのではないかと想定したということでもある。

しかし、期待は見事に裏切られた。そこで、筆者らのグループは、調査の仮説を「職業的意識」から「キャリア意識」に切り替えることにしたが、その際に示唆を与えられたのは、B高校の校長、および総合学科主任の教諭へのインタビュー調査からであった。結論だけ言ってしまうと、両者の語りから筆者らが理解したのは、B高校が育てようとしているのは、職業についての知識や技能でも、意欲や態度でもなく、もっと幅広い意味で、生徒たちが社会に出た時に困らないための力であり、それこそが学校として力を入れている点なのだということである。「汎用的能力」といった言葉は、両者の語りには登場せず、むしろ生徒の「自立」が語られていたということはあるが。

こう理解できるとすれば、B高校における職業科目の意味やそれが果たす機能についても、新たに見えてくることがある。総合学科としてのB高校は、確かにいくつかの系列に職業に関する科目を配置している。しかし、それらの科目の意義は、特定の職業分野へと生徒を送り出すことにあるのではない。特定の職業に関する教育を受けることが、生徒が、自らの将来を考えるためのオリエンテーションの機能を果たし、同時に、職業に関する教育を本気で受けることを通じて、実際にはその職業分野に進まなくても、他の分野や領域でも通用する「基礎的・汎用的能力」を獲得できる、という点に目的がおかれているということである。これは、大胆に言いきってしまえば、B高校における職業科目は、「普通教育としての職業教育」[13]の役割を果たしているということにほかならない。

### (2) 生徒の卒業後進路

以上のことは、B高校の生徒の卒業後の進路状況と照らしあわせてみると、大変に興味深い。

B校の生徒の卒業後の進路が、概ね大学三割、短大二割、専門学校三割、就職一割、進学準備等一割といった状況にあることは、すでに指摘した。専門学校を含めて、進学が八割を占めるわけであるが、卒業生の進路先一覧（二〇一六年）を一瞥してみると、注目すべきことがある。

それは、進学の場合に生徒たちが選ぶ学部・学科には、職業分野と結びついた学部・学科が、圧倒的に多いという事実である。これは、専門学校進学のみを取り出せば、さほど驚くべきことではないかも

13　シンポジウム「普通教育における職業教育の可能性」『産業教育学研究』四一巻一号、二〇一一年、を参照。

しれないが、大学や短大への進学の場合にも、看護、医療、福祉系を中心とした進学が多く、専門学校進学と見紛うばかりなのである。そして、専門学校進学の場合にも、大都市圏の「進路多様校」の教員が嘆くような、生徒たちの「カタカナ職業」学科への志向といった傾向14が、ほぼ皆無であることを指摘しておく必要もあろう。

このことは、何を意味しているのだろうか。まず言えることは、B高校の生徒たちの進路選択の仕方は、きわめて手堅いということである。学校側の指導、とりわけ進路指導や進路相談などの影響もあると思われるが、それ以上に、B高校の「キャリア意識」を育てる教育課程の効果があると見てもよいのではないか。つまり、生徒は、高校三年間の学びを通じて、具体的な職業分野と結びついた学部・学科を選択することができるまでに、自身の将来の方向性を固めることができているということである。これは、近年では、高校生全体の傾向として、自己の志望や将来展望を十分に固められないがゆえに、「つぶしの効く」学部や「選択肢の幅の広い」学部が好まれる15こととは、まさに対照的なことである。

言い方を代えれば、B高校の生徒は、在学中に「キャリア意識」を形成し、その結果として将来の方向性についてのオリエンテーションを得る。そして、具体的な職業的知識・技能を獲得するための職業教育は、卒業後の大学・短大や専門学校で受けるという大きな流れで、自らの進路形成をしている。もちろん、B高校には一割ほどの高卒就職者も存在するが、彼らの場合には、地元企業の「日本的雇用」が、入職時点での職業能力は問わないという「新卒採用」の仕組みをとっているので、具体的な職業的知識・技能に関する教育は、入職後の企業内教育を通じて受けることになる。

B高校が、こうしたかたちで生徒の進路形成の流れをつくりあげていることは、総合学科としての一つの選択として、理にかなったものである。それは、専門学科と同様の意味での職業教育を提供することはできず、かといって、普通科と同様の将来へのオリエンテーションしか与えられないのであれば、総合学科としての存在意義がなくなってしまうからである。

### (3) 何が「キャリア意識」を育てるのか

では、B高校の教育課程が、生徒たちに「キャリア意識」を育てているという点は、すでに述べたとおりだとして、何がそれを可能にしているのだろうか。

総合学科の原則履修科目である「産業社会と人間」や「課題研究」などの総合学科ならではの教育課程が、一定の効果を発揮していることは間違いなかろう。ただ、それだけではないのではないか。

ここから先は、十分な根拠があるわけではないので、あくまで推測であることを断っておくが、先に指摘した「普通教育としての職業教育」に該当する職業科目を学んでいることや、そもそも多様な系列内に配置された多数の科目群のなかから、生徒が自ら履修科目を選択するという経験を繰り返していることが、大きな影響を及ぼしているのではなかろうか。もちろん、ここには、学校側の履修指導・学習

14 このことが孕む問題については、荒川葉『「夢追い」型進路形成の功罪』東信堂、二〇〇九年、を参照。
15 拙稿「選択の自由の落とし穴」『月刊高校教育』二〇一七年二月号、学事出版、を参照。

指導という要素も絡んでくる。

仮にそうだとすれば、これは、現在、日本中の高校で実践されているキャリア教育のあり方に対しても、一定の問題提起的な意味を持つように思われる。つまり、学校におけるキャリア教育において、「総合的な学習の時間」や特別活動を通じて実施される、キャリア教育に関する「取り立て指導」のみが教育的効果を発揮するのではなく、学校の教育課程全体が効果を持ち、生徒が履修科目を自主的に選択することや、通常の科目や授業に主体的に取り組むことそのものも、キャリア教育としての効果を持つということである。さらに、職業科目を学ぶことも、それが職業教育としての意義を持つだけではなく、キャリア教育としても重要な意味を発揮するということである。

### (4)「私の将来の夢は〜になることです」への回収

一つだけ、B高校の教育を見ていて、筆者が感じた軽い違和感がある。端的に指摘すると、B高校が育てている「キャリア意識」は、わりと直線的に、生徒の将来の「夢」や「やりたいこと」「就きたい職業」に直結しがちなのかもしれないという点にかかわる。

このように強く感じた直接のきっかけは、高一の「産業社会と人間」の最後の段階での発表会を参与観察したことによる。生徒の発表は、ほとんどが「私の将来の夢は〜になることです」に始まり、そのために「高校生活では〜を頑張ります」という構図に回収されていたのである。そこには、学校や教師側の指導も入っているのであろうが、そのあまりの定型化ぶりに少々面食らってしまった。

もちろん、夢を持つことは大切なことである。将来就きたい職業があれば、その目標に向けて、高校生活を充実したものにしていくこともできる。先に示したようなB高校の生徒の卒業後の進路の特徴は、こうした指導や教育の賜物であると言わなくてはならない。

ただし、筆者自身は、こうした指導が、「やりたいこと」さえ見つかれば、それで万事が一件落着！といった様相での「やりたいこと」主義になってしまうと、かえって生徒の視野を狭めたり、将来の進路の選択肢を狭くしてしまったりする危険性があることに、つねづね警鐘を鳴らしてきた[16]。B高校の生徒にこうした危惧が該当するのかどうかは、にわかには判断がつかないが、今後の検討課題としたい。

## (5) 結びにかえて

最後に、この章の冒頭に掲げた大きな問いに立ちかえろう。総合学科は、戦後の高校が抱え込んできた困難と課題に対して、そこからの脱出を模索するための糸口を提供してくれるのだろうか。もちろん、たった一校の総合学科高校のケーススタディから言えることは、きわめて限定されている。しかし、それでも、示唆的なインプリケーションは存在する。

高校教育の〈職業社会からの疎隔〉という論点に対して、総合学科はユニークなポジションにある。

16 拙著『キャリア教育のウソ』ちくまプリマー新書、二〇一三年、拙著『夢があふれる社会に希望はあるか』ベスト新書、二〇一六年、を参照。

少なくとも、普通科と専門学科の二分法で考えてしまう頭を柔軟にしてくれる。つまり、普通科高校のように、職業社会から切り離されるがゆえに、〈自律システム化〉した教育制度の内部に幽閉され、学びの意味を「空洞化」させてしまうのでもなく、しかし、専門高校のように、職業教育を通じて、特定の具体的な職業分野で働くための知識と技能が身につけられるという点で学びの意味を担保するのでもない、「第三の道」がありうるかもしれないということである。

A県B高校の教育は、「普通教育としての職業教育」を通じて、実際の職業世界を垣間見させつつ、生徒自身の卒業後の進路、職業分野へのオリエンテーションを確かなものにする。そうした教育を施しつつ、職業社会に漕ぎ渡った時に求められる「基礎的・汎用的能力」を獲得させる。B高校の総合学科教育は、こうした仕方で職業社会との結びつきを担保しようとし、そのことによって、高校で学ぶことの意味を実質的なものにしようとしているのである。この方略は、専門高校ではなく、普通科の高校こそが参考にし、示唆を受けとるべきことのように思われる。

高校制度の〈階層的序列化〉に対しては、総合学科だからこそ、この構造から自動的に抜け出ることができるなどということはない。むしろ、先に紹介したように、多様化した総合学科高校のタイプの一つには「進学重視型」が登場していることからもわかるように、〈階層的序列化〉の磁力の強さに目を見張っておく必要さえある。

B高校の場合も、生徒は、近隣にあるA県の中核都市の一つのC市内の普通科高校（複数ある）との序列上の比較を踏まえて、B高校に入学してくる。しかし、生徒アンケートを見ると、圧倒的多数の生

徒が「総合学科だからこの高校を選んだ」と回答していることに注目したい。また、先に述べたような
B高校の生徒の卒業後の進路動向は、おそらくC市内の普通科高校のそれとは、かなり違っている。高
校の入口と出口におけるこうした傾向が、ただちにとは言わないが、この地域の高校の「階層的秩序」
やその「構造」を、多少とも揺り動かすことにはならないのか、今後とも注視していきたい。

# 6章　新学習指導要領は高校教育を再生させるか

二〇一八年三月、新しい高等学校学習指導要領が告示された。前年に出された小学校、中学校の新学習指導要領もそうであるが、今回の改訂は、従来とはかなり装いの異なる学習指導要領を登場させており、高校版の中身を見ると、いっそうその思いを強くする。

新しい高校学習指導要領は、二〇一九年度から「移行期間」に入り、二〇二二年度より学年進行で「実施」に移される。実は、移行期間中の二〇二〇年度には、「高大接続改革」のスキームのもとに導入が決定された「大学入学共通テスト」も開始される[1]。今後の高校教育は、学習指導要領の改訂だけではなく、新たに実施される共通テストを含めた大学入試改革の影響も受けながら、大きく変化していくことが予想される。新学習指導要領は、中央教育審議会での審議の段階から「高大接続改革」を視野に入れていたので、両者は、まさに車の両輪のごとく、高校教育改革の推進力になるだろう。

しかも、注目すべきことに、今回の新学習指導要領のキャッチフレーズは、「社会に開かれた教育課程」である。ここには、これまでの日本の教育が、総じて言えば、社会から切り離され、教育制度の内部に自閉してきた（本書の用語で言えば、〈自律システム化〉していた）ことへの反省の意識を読み取ることができよう。それこそが、これまでの教育（少なくとも高校教育）の問題点や困難の拠ってきたる原因であるという認識は、本書の視点とも重なるところがある。

そうだとすれば、新しい高校学習指導要領は、ここまで本書が指摘してきたような、今日の高校教育が抱える困難や課題、教育の〈臨界点〉にまで届きつつあるそれを解決していく「突破口」となるのだろうか。この章では、この問いに迫ってみたい。

なお、今回の学習指導要領改訂に関しては、すでにその紹介や解説書の類が数多く刊行されており、また、批判的な指摘や考察を含んだ論評も、筆者が執筆したものも含め[2]、書籍や雑誌等のさまざま媒体に登場している。そこで、以下の論述においては、新しい高校学習指導要領の特徴や問題点などを全般的に取りあげることは控え、先に述べたような、本章が設定したテーマに迫るために必要な限りで、学習指導要領の枠組みにも踏み込んで論じることにしたい。

---

1 本書では、「高大接続改革」については、十分に触れることができない。拙稿「高大接続と大学入学者選抜のリアル」『現代思想』二〇一四年四月号、青土社、拙稿「高大接続改革の原点はどこに？」『月刊高校教育』二〇一七年三月号、学事出版、を参照願いたい。

2 拙稿「教育内容ベースから資質・能力ベースへの転換」『教育』二〇一六年一〇月号、かもがわ出版、拙稿「新しい学習指導要領は何をめざすのか」日本子どもを守る会編『子ども白書二〇一七』本の泉社、二〇一七年、拙稿「アクティブ・ラーニングとの向きあい方」『社会科七〇年　これまでとこれから』「歴史地理教育」二〇一七年七月増刊号、歴史教育者協議会、拙稿「学校の〈道徳化〉とは何か」『世界』二〇一八年一一月号、岩波書店、を参照。

## 1　新学習指導要領がめざすもの

### (1)　「社会に開かれた教育課程」とは

先にも触れたように、今回の新学習指導要領が目標とするのは、「社会に開かれた教育課程」の実現である。これまでの学習指導要領にはなかった表現であるが、いったいなぜ、こうした目標が登場したのか。

学習指導要領は、形式的に言えば、学校教育法施行規則に位置づくものであり、法律に準ずる文書として、官報にも告示される。したがって、学習指導要領の本文には、必要な結論だけが断定的に記述されており、余計な説明や美辞麗句が並べられるといったことはない。それゆえ、今回の学習指導要領にも、「社会に開かれた教育課程」という用語が登場するのは、「前文」における一箇所のみである。そこでは、「これからの時代に求められる教育を実現していくためには、よりよい学校教育を通してよりよい社会を創るという理念を学校と社会とが共有」し、学校が「社会との連携及び協働によりその実現を図っていくという、社会に開かれた教育課程の実現が重要となる」と記述されるにとどまっている。

もちろん、言わんとするところは、理解できなくはない。しかし、これだけでは、あまりに理念的かつ抽象的である。しかも、こんなふうに言われると、かえって裏があるのではないかと勘ぐりたくもなる。そこで、以下では、学習指導要領の本体ではなく、今回の学習指導要領改訂を準備した二〇一六年の中央教育審議会答申「幼稚園、小学校、中学校、高等学校及び特別支援学校の学習指導要領等の改善及び必要な方策等について」を参照しつつ、「社会に開かれた教育課程」が登場した背景を探ってみたい。

## (2)「生きる力」の変容

答申ではまず、今後の学校教育においても、「生きる力」の育成が理念とされるべきことを宣言する。「生きる力」こそは、一九九〇年代半ば以降の文部（科学）省の教育課程政策を一貫して導いてきた「黄金の」政策理念である[3]。

ある意味で奇妙なことではあるが、それは、いわゆる「ゆとり教育」の時代には「ゆとりの中で生きる力を」として位置づき、「ゆとり教育」の評判が悪くなって、学力重視へと政策の方針転換がなされた後も、今度は「生きる力と確かな学力」として、政策理念の根幹に位置づけられ続けてきた[4]。教育課程政策としては大きな転換を経たにもかかわらず、なぜ、そんな「芸当」が可能だったのか。簡単に言ってしまえば、「生きる力」は、「ゆとり」を持ち出す際にはその根拠となり、「確かな学力」を主張する際にも、学力だけでは狭いといった批判をかわすものとして、政策当局にとってきわめて便利な理

3　用語の初出は、一九九六年の中央教育審議会「二一世紀を展望した我が国の教育の在り方について（第一次答申）」。
4　拙著『まず教育論から変えよう』太郎次郎社エディタス、二〇一五年、を参照。

念だったからである。併せて言えば、「生きる力」という抽象的な理念そのものには、誰も反対する者がいないということもある。

それはともかく、以上のような流れのなかで見れば、今回の学習指導要領改訂においても、「生きる力」の育成が、今後の学校教育を導く最も包括的な理念として措定された理由は、よく理解できる。ただ、にもかかわらず、今回の答申を注意深く読むと、そこでの「生きる力」には、これまでの答申や過去の学習指導要領におけるような、理念先行で牧歌的といった響きやニュアンスが、見事なまでに消えていることがわかる。代わりに感じられるのは、この言葉の切迫度を強めた響きであり、ニュアンスである。おそらく表現としては、「生きる力」よりも、「生き抜く力」のほうがふさわしいかもしれない。

なぜ、そうなったのかは、今回の新しい学習指導要領が念頭におく社会像を見てみれば、すぐにわかる。それは、「知識基盤社会」化を土台として、「情報化やグローバル化」がいっそう進み、人工知能（ＡＩ）の進化やＩｏＴ、ＩＣＴの発展など、「知識・情報・技術をめぐる変化の早さが加速度的」となり、「社会的変化が、人間の予測を超えて進展する」「複雑で予測困難」な「二〇三〇年とその先の社会」である。

新学習指導要領のもとで育つ子どもたちは、学校教育を終えると、こうした先行き不透明で、変化の速度が加速度的になった社会に漕ぎ出ていく。そんな子どもたちに育てなくてはいけないのは、タフな環境を生き抜いていくことのできる、牧歌的バージョンではない、言葉の本来の意味での「生きる力」なのだというわけである。

### (3)「社会に開かれた教育課程」の虚実

当然のことではあるが、こうした「生きる力」を育成するための学校教育は、社会の変化の方向を見つめ、そこで必要とされる資質や能力を子どもたちに育むことのできる教育課程を実現していかなくてはならない。「社会に開かれた教育課程」とは、実は、こうした文脈においてこそ登場した政策目標なのである。答申の言葉を借りれば、「これからの教育課程には、社会の変化に目を向け、……社会の変化を柔軟に受け止めていく『社会に開かれた教育課程』としての役割が期待されている」と。

「社会」のオンパレードであるが、もはや説明の必要はあるまい。「社会に開かれた」とは、実に巧妙な表現であり、オブラートに包まれてはいる。しかし、実際にそれが指し示しているのは、学校の教育課程は、現在から近未来に向けての社会の変化にけっして置いていかれてはならないという至上命題である。教育を主語として「開かれた」状態をめざすのではなく、教育は、半ば受動的に「社会」の変化にキャッチアップしていくことが求められている。

そうだとすれば、それは、先に指摘したような、新学習指導要領が「前文」に書いた「よりよい学校教育を通してよりよい社会を創るという理念」とは、およそほど遠い印象を受けるかもしれない。しかし、真実は、ここでの解釈と理解の側にあろう。

確かに、時代は、グローバル経済競争が熾烈さをきわめて激化する最中にある。そうしたなか、先進諸国の教育政策は、こぞってグローバル経済競争で優位に立つための国内体制づくり、とりわけ教育を通じた人材育成に力を入れてきている[5] 新学習指導要領が掲げる「社会に開かれた教育課程」とは、さまざまな粉飾を削ぎ落としてしまえば、日本もまた、この道を進むという宣言にほかならない。むしろ、遅きに失したくらいなのかもしれないが、だからこそ、政府や文科省は、学習指導要領改訂を含め、近年の教育改革を急ピッチで推進していくことに躍起になっているわけである。

しかし、政策サイドが躍起になればなるほど、日本の教育は、グローバル経済競争を意識した産業政策や人材育成政策の側にすり寄っていく。学校教育は、確かに教育システムの内部で自足することなく、「社会」のほうに再び顔を向けはじめるかもしれないのだが、それは、目の前の子どもたち・若者たちときちんと向き合っているのだろうか。そのことが鋭く問われてこよう。

## 2 教育課程の編成原理の転換

### (1) 「教育内容」ベースから「資質・能力」ベースへ

議論が少しばかり先走ってしまったので、もとに戻そう。

「社会に開かれた教育課程」という目標のもとに改訂された今回の学習指導要領は、教育課程の編成原理、その組み立て方についても、「コンピテンシー」や「二一世紀型スキル」などの「新しい能力」[6]をベースとして学校教育の刷新を進める先進諸国の動向に追いつくことをめざしている[7]。

従来、学習指導要領といえば、児童・生徒に何を教えるかという「教育内容」を軸に編成されてきた。しかし、今回の改訂では、「何ができるようになるか」という「資質・能力」こそが第一義的な出発点であるとされ、そこから、学習指導要領によって指定された資質・能力を身につけるために必要であるという観点から、「何を学ぶか」（教育内容）と「どのように学ぶか」（教育方法）が導かれることになった。端的に、教育課程の編成原理における「教育内容」ベースから「資質・能力」ベースへの大転換である。

このことは、二〇一四年、次期の学習指導要領改訂に向けて諮問を受けた中央教育審議会の教育課程部会が、当初の半年ほどは教科別の部会を発足させずに、もっぱら教育課程のあり方全体を審議する教育課程企画特別部会でのみ議論を積み重ねたという経緯ともかかわっている。教科別の部会を同時に発足させて、「教育内容」についての議論が先行してしまうと、そこには教科関連団体の意向が入り込んだり、教科間のせめぎあいが生じたりと、学習指導要領の大転換に向けた議論を阻害してしまう危険性があると判断されたからである[8]。このあたりは、今回の改訂に賭けた文科省の「本気度」を感じるこ

5 田中義隆『二一世紀型スキルと諸外国の教育実践』明石書店、二〇一五年、松尾知明『二一世紀型スキルとは何か』明石書店、二〇一五年、などを参照。
6 松下佳代『〈新しい能力〉は教育を変えるか』ミネルヴァ書房、二〇一〇年、を参照。
7 文部科学省「育成すべき資質・能力を踏まえた教育目標・内容と評価の在り方に関する検討会」による「論点整理」二〇一四年、を参照。
8 那須正裕『「資質・能力」と学びのメカニズム』東洋館出版社、二〇一七年、は当時の中央教育審議会内部での審議の雰囲気をよく伝えてくれる。

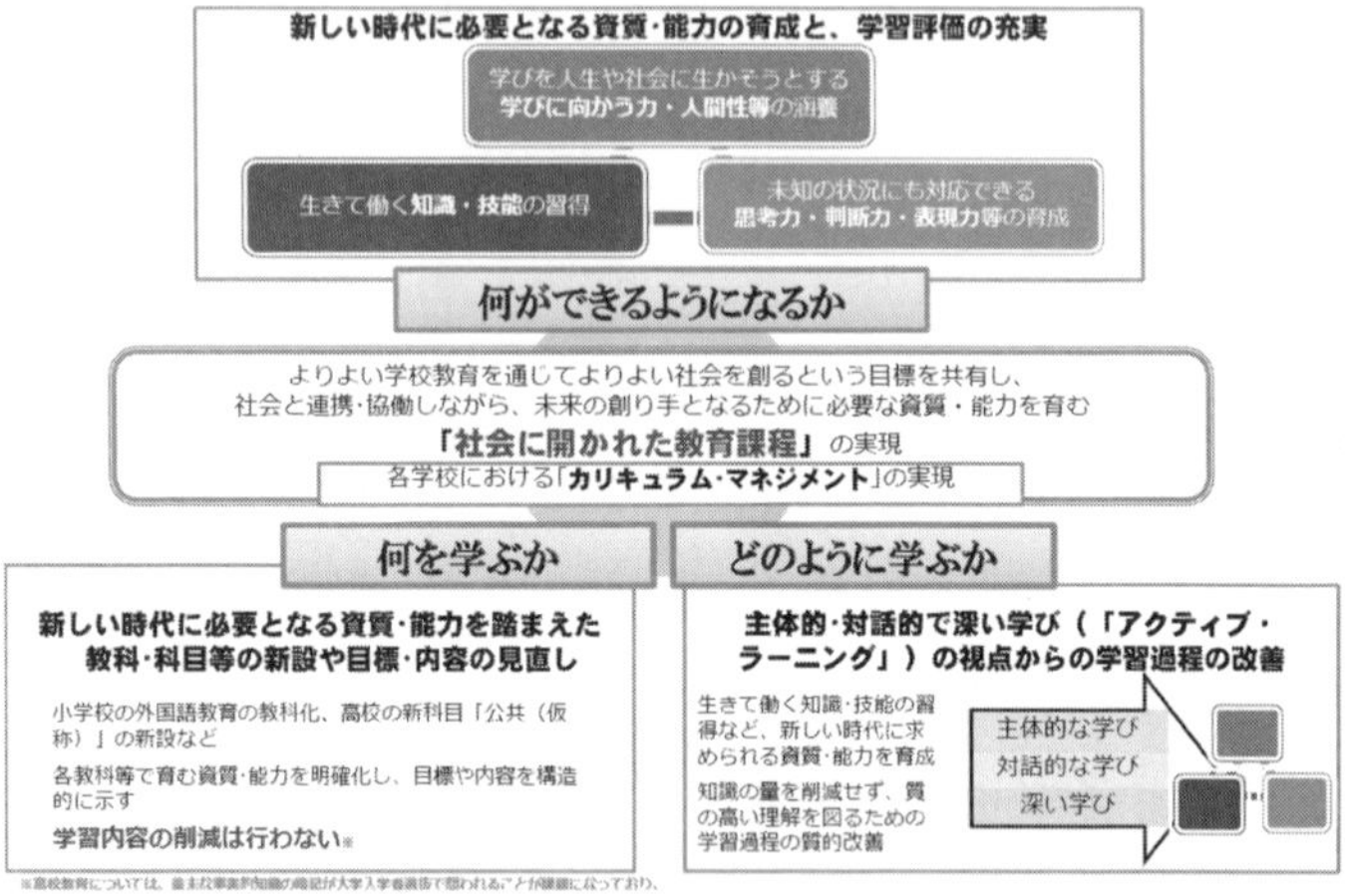

（出典：文部科学省「新しい学習指導要領の考え方」12頁）

ともできる。

　ともあれ、新しい学習指導要領の全体像を捉えると、三角形の頂点に、子どもたちに育てたい「資質・能力」が座り、底辺には、そうした資質・能力を育てるための「教育内容」（高校教育の場合には、これが、新教科・科目の設置を含めて、大幅に再編された）と「教育方法」（「主体的・対話的で深い学び」を実現するためのアクティブ・ラーニング）が位置づいた。

　そして、実際に「資質・能力」が身についたかどうかを測るための「学習評価の充実」が謳われ、そこでの評価に基づきつつ、学校の教育課程全体にPDCAサイクルを回すものとして、「カリキュラム・マネジメント」が位置づくことになった（図を参照）。「社会に開かれた教育課程」は、こうした全体構図のもとに、その実現がめざされるわけである。

これまでの学習指導要領では、「教育内容」については強力な縛りがかけられるものの、あとは、評価についての枠が設定されるくらいで、学校教育が育てる資質・能力について、少なくともカリキュラム・マネジメントの対象とされるようなことはなかったし、「教育方法」については、基本的に学校現場の裁量に任されてきた。これと比較すれば、新しい学習指導要領は、「資質・能力」「教育内容」「教育方法」「学習評価」「カリキュラム・マネジメント」のすべてをセットにして、学校における教育課程の実施・運営をトータルにコントロールしようとするものである。学校現場は、これまでにも増して、教育実践と学校づくりの自由を制約され、「窮屈さ」を感じざるをえなくなるのではないか。

## (2) なぜ、いま「資質・能力」ベースなのか

ところで、新学習指導要領は、何ゆえに「資質・能力」ベースへの転換を図ったのか。もちろん、すでに指摘したように、「コンピテンシー」や「二一世紀型スキル」など、従来型の「知識」や「学力」とは異なる「新しい能力」の育成に焦点を当てた教育改革を推進することは、先進諸国に共通した動向である。とすれば、ここでの問いは、そうした国際的動向は、なぜ生じたのかという問題とも重なる。

明確な根拠を示せるわけではないが、この点を考えるには、先にも述べた新学習指導要領が想定する近未来の社会像が参考になろう。「二〇三〇年とその先の社会」は、人工知能（ＡＩ）やＩｏＴ、ＩＣＴが飛躍的に発展し、「第四次産業革命」「Society 5.0（超スマート社会）」とも称される時代であり、それは同時に、社会の変化が加速度的に早くなり、先行き不透明で、予測困難な社会でもある。

こうした社会においては、知識はすぐに陳腐化する。必要なのは、知識を個人のなかに貯め込むことではない。そうではなくて、「知識を活用する力」、必要に応じて知識を更新したり、知識と知識を組み合わせて編集したりする力、新たな知識を生み出す力こそが求められる。こうした力は、物事を根本に遡って考える「批判的思考力」、いま・ここの制約から抜け出ることのできる「想像力」や「創造性」、取り組むべき問題を発見し、解決に導く「問題発見力」や「課題解決力」、他者とともに課題に取り組むための「協働性」や「コミュニケーション能力」などに支えられることで、「二〇三〇年とその先の社会」を生き抜き、そこで能動的に活動するための、生きて働く力となるのである。

「コンピテンシー」にしても「二一世紀型スキル」にしても、各国がその教育改革において照準しているのは、こうした諸能力であり、新学習指導要領もそうした傾向と軌を一にしている。そう考えれば、新しい学習指導要領が、「教育内容」ではなく「資質・能力」をベースにおくのは、今後の社会変化の趨勢を見込んだものであり、単純化を覚悟で言えば、知識を軸とした「教育内容」によってこれからの将来社会に備えることの「限界」を認識したからであるとも言えるだろう

とはいえ、「資質・能力」ベースへの転換の意味は認めるとしても、実は、微妙な問題と論点は、この先に存在している。

そもそも知識を系統的に獲得するということを抜きにして、先に示したような諸能力に連なる「資質・能力」を身につけることができるのか。そもそも学校における「教育内容」とは、やや大げさに言

えば、人類の知的遺産のエッセンスを精選したものであって、それじたいで、子どもたちの教養の形成や人格形成に資するなどの教育的価値を有するのではないのか。

もちろん、新学習指導要領も、知識は不要であるとか、大切ではないなどと主張しているわけではない。「知識」も「活用」も、というのが基本的な立場であろう。しかし、新学習指導要領における教育課程の編成原理は、今後必要となる「資質・能力」の観点から、各教科等の「教育内容」を見直そうとするものである。そこに、教科の系統性をはじめとして、知識が持つ本来の教育力を損ねてしまうような危険性は生まれないのか[9]。興味深い論点ではあるが、本章の問題設定とはずれていくので、これらの点については、これ以上は深追いしないことにする[10]。

9　この点では、先進諸国がこぞって「コンピテンシー」ベースの教育課程の編成へと邁進しているのに対し、唯一、イギリスの教育政策だけは、知識とコンピテンシー等のスキルには密接な関連があるとして、内容を伴う文脈においてスキルを教えることを重視している（いわば、知識への揺り戻しが見られる）点がきわめて示唆的である。松尾知明「二一世紀に求められるコンピテンシーと国内外の教育課程改革」『国立教育政策研究所紀要』第一四六集、二〇一七年、を参照。

10　ちなみに、知識の軽視に陥りかねないという問題は、実は、新学習指導要領が推奨する「教育方法」としての「アクティブ・ラーニング」（主体的・対話的で深い学び）にも胚胎していると思われる。この点についても、本章では扱えないが、前出の拙稿「アクティブ・ラーニングとの向きあい方」（二〇一七）、を参照。

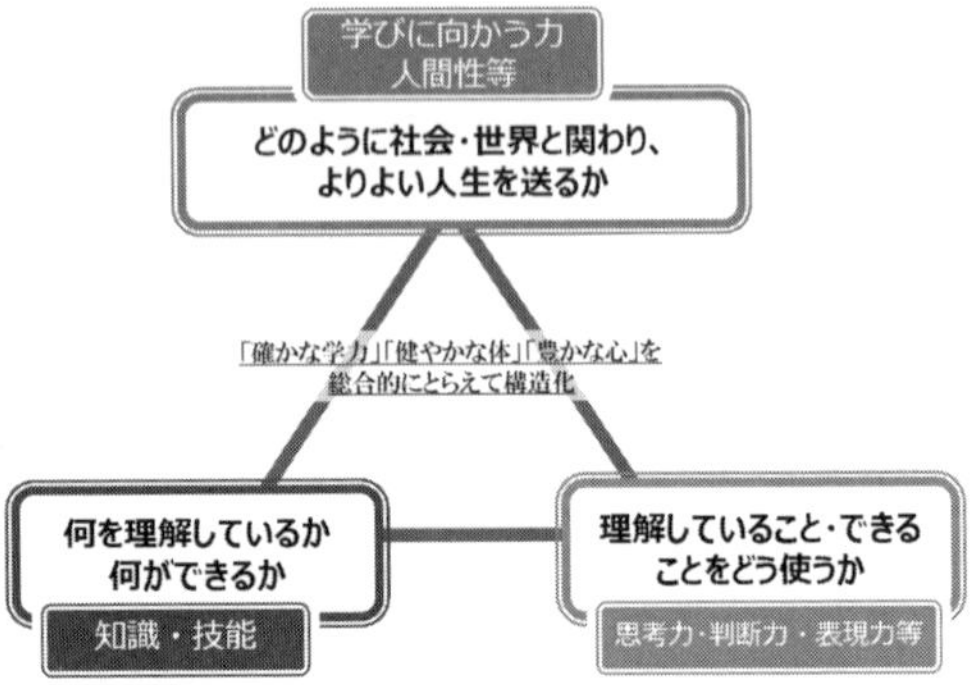

（出典：文部科学省「新しい学習指導要領の考え方」15頁）

## 3　育てたい資質・能力の三つの柱

### ⑴「学力の三要素」から「資質・能力の三つの柱」へ

では、改訂された新しい学習指導要領が重視する「資質・能力」の中身とは、どんなものなのか。それは、先進諸国における「コンピテンシー」論のように、さまざまな能力を併記するのではなく、子どもたちに育てたい「資質・能力の三つの柱」をきわめて、シンプルにまとめている（図を参照）。

新学習指導要領においては、小・中・高のどの学校段階においても、どの教科・科目においても、この「三つの柱」に示された資質・能力を育てることが目標とされる。それだけではない。「三つの柱」は、教科横断的に、さらには教科外の特別活動なども連携して、学校教育全体で育成がめざされる目標とされるのである。

この「資質・能力の三つの柱」は、いったいどこから来たのか。その出発点は、二〇〇七年の学校教育法の改正である。改正された学校教育法の第三〇条の二によれば、学校教育を通じて子どもたちに獲得させたい学力とは、「基礎的な知識・技能」「思考力、判断力、表現力等」「主体的に学習に取り組む態度」であるとされた（この条項は、小学校についての規定であるが、他の条項に基づいて中学・高校にも準用される）。これが、後に「学力の三要素」と呼び慣わされることになるものである。

当時の文脈においては、この条文による学力の規定は、二〇〇〇年代前半の「ゆとり教育」をめぐる論争を経て、「ゆとりか、詰め込みか」といった二項対立的な認識枠組みが横行してしまったこと、また、学校現場においては相も変わらず「知識」に偏重した学力理解が幅を効かせていたことなどを背景に、文科省なりに「学力」概念の整理を図ったものと理解することができる。

もちろん、細かいことを言い出せば、そもそも「学力」を法律で定義することの是非は問われてよいし、「学力」の概念に「態度」を含めるかどうかも、教育研究のうえでは争点であり続けている。しかし、ここでは、深入りしないことにしよう。

二〇〇七年以来、ある意味で教育界に定着してきた「学力の三要素」と、新学習指導要領における「資質・能力の三つの柱」を比べてみよう。三つのうち、最初の二つ「知識・技能」と「思考力・判断力・表現力等」は、前者から後者へとそのまま引き継がれている。しかし、「学力の三要素」の三つめの「主体的に学習に取り組む態度」は、新学習指導要領では「学びに向かう力、人間性等」へと大きな修正が加えられている。では、この変更は、いったい何なのか。

実は、これには前段階の経緯がある。二〇一四年、「高大接続改革」についての諮問に回答した中央教育審議会の答申「新しい時代にふさわしい高大接続の実現に向けた高等学校教育、大学教育、大学入学者選抜の一体的改革について」は、大学の入学者選抜において評価の対象とする「学力の三要素」を、「知識・技能」「思考力・判断力・表現力等」「主体性・多様性・協働性」（主体性を持って多様な人々と協働して学ぶ態度）と再定義していたのである。例によって、最初の二つは学校教育法と同一であるが、最後の一つは明確に異なっている。新しい学習指導要領は、この最後の一つを、さらに「学びに向かう力、人間性等」へと修正したわけである。

冷静に考えてみれば、「学力の三要素」の内容は、学校教育法という法律で明記されたものである。それを、文科省の機関でしかない中央教育審議会や、下位法である学校教育法施行規則に位置づく学習指導要領が、このようなかたちで「巧妙に」変更してしまうといった仕業は、そもそも許されるのだろうか。大いに疑問が残るのだが、先を急ごう。

新学習指導要領が、「資質・能力」の三つめ柱として付加した「学びに向かう力、人間性等」とは、いったい何を意味するのか。このままでは理解しようがないので、先にも参考にした二〇一六年の中央教育審議会答申を見てみよう。そこでは、「学びに向かう力、人間性等」とは、「学びを人生や社会に生かそうとする、学びに向かう力・人間性等の涵養」であるという説明句が加えられ、先の図では（子どもたちが）「どのように社会・世界とかかわり、よりよい人生を送るか」と端的に説明されている。

なるほど、と言ってよいかは迷うが、新しい学習指導要領が最終的にめざすのは、学校での学びが、子どもたちがどう「社会・世界」とかかわり、どう「人生」を送るのかという、彼ら自身の「生き方」

にまで寄与していくことなのである。

### (2) 「生き方探究」を促す教育

こうした経緯を振り返ると、今回の学習指導要領で新たに登場した「資質・能力の三つの柱」とは、学校教育法のいう「学力の三要素」を下敷きにしつつも、途中経過では、「多様性」「協働性」といった対人関係上の態度やスキルをも取り込み、最終的には、「社会・世界」への参加や「よりよい人生」といった「生き方」の問題にまで踏み込んだ結果として、登場したものである。

そうであれば、この全体像を「学力論」の範疇におさめるのは、どう考えても無理がある。改訂学習指導要領が、「学力の三要素」という、法律上に根拠を持つがゆえに、ある意味で安定した概念を使い続けることを断念し、「学力」ではない「資質・能力」という新たな概念を引っ張りだしてこざるをえなかったのは、まさにこれゆえなのである。

とはいえ、このように理解すれば、新しい学習指導要領が期待する子どもたちの「学びの構図」は、それじたいとしてはわかりやすくなる。学校での学習を通じて、子どもたちは、まずは「知識・技能」(何を理解しているか、何ができるか)を獲得する必要がある。しかし、すでに述べたように、知識を持っているだけでは、これからの社会に漕ぎ出ていくうえでは十分ではない。獲得した知識を活用できなくてはならない。そのためには、自ら知識を活用していくための「思考力・判断力・表現力等」(理解していること、できることをどう使うか)を身につけていく必要がある。では、知識を活用することができれば、それで十分なのか。いや、そうではない。自らが獲得した知識を「何のために」活用するのかという問題が残っている。そこに資するのが、「学びに向かう力、人間性等」（どのように社会・世界とかかわり、よりよい人生を送るか）なのである。

言いきってしまえば、新しい学習指導要領が、学校での「学びの構図」に導入しようとするのは、学びと「生き方探究」との接続である。そのことによって、子どもたちに学ぶことの意味と意義をつかませ、学習への動機づけを喚起して、「主体的な学び」を促そうというわけなのである11。

学習論としてのこうした課題設定は、本書の関心からしても、きわめて興味深い。繰り返し指摘してきたように、戦後の学校教育、少なくとも高校教育は、職業社会を中心とする社会と教育課程との「接続」の観点を見失うことで〈自律システム化〉し、そのことが、高校で学ぶことの意味を、「学力競争システム」における自己のポジションを少しでも上昇させるという擬似的な「意味」に託してしまい、本来の学びを「空洞化」させてきた。

新学習指導要領が、こうしたこれまでの（高校）教育の問題点を正面から見すえ、そこからの転換を図ろうとしていることは確かであろう。それは、「社会に開かれた教育課程」を学ぶ子どもたちが、学校での学びを、単なる知識の習得やその活用としてではなく、自らが将来どのように社会とかかわり、どんな生き方をするのかという「生き方探究」と重ねることができるように促す。そのことによって、学校での学びの意味と意義を取り戻し、実質化しようとするのである。

実は、改訂された学習指導要領が、「生き方探究」を促す教育を重視している点は、そこでの「キャリア教育」についての規定を見れば、より鮮明に理解することができる[12]。新学習指導要領は、従来にはなかったことであるが、「総則」のなかにキャリア教育についての項目を新設した。そして、そこでは、端的に次のように主張されているのである。

「生徒が、学ぶことと自己の将来とのつながりを見通しながら、社会的・職業的自立に向けて必要な基盤となる資質・能力を身に付けていくことができるよう、特別活動を要としつつ各教科等の特質に応じて、キャリア教育の充実を図ること」（中学校および高等学校学習指導要領ともに、同一の文言。小学校学習指導要領は、冒頭の「生徒」が「児童」に代わる。傍線は、筆者）

ここで規定されている「キャリア教育」が、職業人講話や職場体験・インターンシップ、あるいは、やりたいこと探しやライフプランの作成といった教科外での学習や活動のみを指すわけではないことは、指摘するまでもなかろう。学校におけるキャリア教育は、「各教科等」においても、もちろんそれぞれの教科等の「特質に応じて」ではあるが、取り組まれなくてはならないとされている。

11　日本の学校教育の「宿痾」とも言うべき、子どもたちの学習への内発的な動機づけの弱さについては、拙稿「学ぶことの意味をつかませない日本の社会と学校」『教職研修』二〇一七年四月号、教育開発研究所、を参照。

12　拙稿「新学習指導要領とキャリア教育」『月刊高校教育』二〇一七年五月号、学事出版、を参照。

なぜ、そうしたことが可能になるかと言えば、「資質・能力の三つの柱」のうちの「学びに向かう力、人間性等」が指示するように、各教科における学びも、生徒に「学ぶことと自己の将来とのつながり」を意識させ、自らと社会・世界とのかかわりや「生き方」の探究にまでせり上がることが期待されているからである。

かくして、新学習指導要領においては、学校教育の全体、学校での学びの総体が、「キャリア教育」化し、「生き方探究」化する（このことをどう評価すべきかは、重要な論点であるが、それを議論するためには、もう少し「道具立て」が必要となる。本章の最後に論じることにする）。

## 4 高校における教育内容の再編

### (1) 高等学校学習指導要領における科目再編

それでは、新しい学習指導要領は、高校の「教育内容」をどのように編成したのか。改訂学習指導要領をめぐっては、小学校における教科としての「英語」の新設やプログラミング教育の導入、小・中学校における（二〇一四年における学習指導要領の一部改正によって、すでに先行していたが）道徳の教科化などが話題となることが多い。これらも、もちろんこれまでの教育内容を大きく変更するものではある。しかし、教育内容の再編という点で、最も大幅な変更に踏み切ったのは、実は、高校の学習指導要領なのである。

その証拠に、各教科に設置される科目において、現行の科目のまま、あるいは名称の変更として理解できる科目を除いて、純粋に新設されたと認定できる科目をあげてみよう。それらは、①国語科の必修科目「現代の国語」「言語文化」、選択科目「論理国語」「文学国語」「古典探究」、②地歴科の必修科目「地理総合」「歴史総合」、選択科目「地理探究」「日本史探究」「世界史探究」、③公民科の必修科目「公共」、④新設された「理数科」の選択科目「理数探究基礎」「理数探究」となる。実に、一三科目もの新設科目が設置されたことになるのである。

表面上の特徴を探れば、教科としての「理数科」の新設を除けば、いわゆる理系の科目は、ほとんど大きな変更がなされていない。これに対して、大掛かりな変更が施されたのは、すべて文系の科目である。また、科目名称に「探究」が付く科目が大幅に新設されている。ちなみに、「総合的な学習の時間」も、小・中学校における名称は現行のままであるが、高校のみは「総合的な探究の時間」に改められた。

それでは、なぜ、これほどまでの科目再編がなされたのか。すでに指摘したように、新学習指導要領は、「資質・能力」ベースで編成されている。「教育内容」は、子どもたちが将来の社会に漕ぎ出ていくために必要な「資質・能力」を身につけるために、という観点から見直しを施され、必要に応じて再編される。

そう考えれば、科目名称に「探究」の付く科目が大幅に増えた理由は、よく理解できるだろう。新学習指導要領が育成の目標とする「資質・能力」とは、単に知識を獲得しているだけではなく、それを主体的に活用し、自らの「生き方探究」にまでつなげていける力のことだからである。それゆえに、各科目は、受け身の学習姿勢に基づくのではなく、「主体的・対話的で深い学び」が実現できるように学ばれる必要があり、そのためには、知識・理解を「探究」へとつないでいくことが求められるからである。

この点はそうだとして、では、新設科目の設置に至るまでの科目再編の対象となったのが、特定の教科〈国語、地歴、公民、理数〉に偏ったのは、なぜなのか。おそらく、この問いに答えるためには、議論の水準を一段あげる必要がある。つまり、改訂された学習指導要領が育成をめざす「資質・能力」は、そもそも何のためのものなのかという問題を見ておく必要がある。

先にも述べたように、表面上の答えは、新学習指導要領が育成をめざす「資質・能力」とは、子どもたちが「二〇三〇年とその先の社会」に漕ぎ出ていくために必要なものである。しかし、では、漕ぎ出ていった先で、子どもたちは将来、どのような人材として活躍することが期待されているのか。

思わず「人材」と書いてしまったが、そこにはおそらく、価値的な意味でニュートラルな「人材」像が想定されていたりはしない。むしろ、一定の政策的な意図、いや、政治的な意図を読みとることができるはずである。そうした意味で、今回の新学習指導要領には、とりわけ高校学習指導要領には、色濃いかたちで〈産業主義〉と〈国家主義〉の観点が溶け込んでいる。――これが、本書の見立てである。

## (2) 〈産業主義〉と〈国家主義〉が溶け込む教育課程

ここで言う〈産業主義〉とは、産業界の要請に沿うための教育課程や教育内容が、教育的な意義や必要性などについての吟味を十分に経ることなく、いわば無批判に組まれていくことを指している。もう少し具体的に言えば、新しい学習指導要領の「教育内容」は、人工知能（ＡＩ）や情報通信産業が巨大に発達する社会を舞台として、グローバル経済競争が熾烈となる状況下でも能動的に活躍できる「人材」を育成するという目標を、相当に強く意識するかたちで組まれているということである[13]。

〈産業主義〉の観点を導き入れれば、高校の新学習指導要領における科目再編の理由も見えやすくなる。英語科では、英語の授業は英語で実施することがあらためて徹底され、二〇二〇年度より新たに実施される「大学入学共通テスト」が、民間英語検定を導入して「英語４技能」を測ることとも連動して、４技能にわたる英語教育の強化が図られている。これらが、今後の産業社会の趨勢を見すえたうえで、「グローバル人材」育成の強化を視野に入れたものであることは言うまでもない。

また、情報科において、情報教育のさらなる充実・強化が図られただけではなく、地歴科に新設された必修科目「地理総合」では、地理情報システムの読み取りとその活用に大きな力点がかけられ、国語科においてすら、新たに「論理国語」が導入された。これらの背景には、情報通信産業の飛躍的な発展

13　高校学習指導要領が改訂されて以降に出された文書ではあるが、こうした〈産業主義〉的な意図をより鮮明にしたものとして、文科省「Society 5.0に向けた人材育成――社会が変わる、学びが変わる」二〇一八年、を参照。

が想定される将来の産業社会に向けて、基礎的陶冶の次元から、子どもたちの情報処理の力や論理的思考力の育成をはかっておこうという、実用主義的なねらいが透けて見えてくる。こうした〈産業主義〉のあおりを食った国語科などは、文学作品や評論文などを豊かに読み解く力を養うといった、これまでの国語科が重視してきた目標は後景に押しやられてしまった感すらある。

さらに、新設された「理数科」は、理科と数学の内容を組み合わせて、融合的に学び、生徒自身による探究につなげていこうとするものであるが、内容的にはまさに、人工知能（ＡＩ）やＩｏＴ、ＩＣＴの革新と産業が融合する将来社会の到来を前提に、先進諸国がこぞって進めている「ＳＴＥＭ教育〈Science、Technology、Engineering、Mathematicsを組み合わせて統合的に学ぶ〉」[14]の流れにキャッチアップしようとするものである。これについては、これ以上の説明は要るまい。

では、新しい高校学習指導要領に溶け込んだ〈国家主義〉とは何か。容易に想像がつくとは思うが、ここでの〈国家主義〉とは、国家的観点から要請される道徳や規範意識の育成、国への愛着・愛国心や貢献意識の醸成、国や政府の正当性の調達といったねらいが、教育課程や教育内容のなかに半ば強制的に組み込まれていることを意味する。言い方は悪いかもしれないが、戦後日本の教育政策や教育行政においては、ある意味「お馴染み」のものである。新学習指導要領は、子どもたちの「主体的な学び」や「探究」を称揚して、表面的には統制色を弱めているようにも見えるが、実は、教育課程の要となる部分では、これまで以上に〈国家主義〉を強め、その浸透を図ろうとしている。

こうした〈国家主義〉の侵入が見えやすいのは、まずは道徳教育である。高校においては、さすがに小・中学校のような教科としての道徳は設置されなかった。しかし、新しい高校学習指導要領では、明らかに道徳教育の強化が図られている。

「総則」には、新たに「道徳教育に関する配慮事項」という項が設けられ、各学校は「道徳教育の全体計画」の作成を義務づけられるだけではなく、新たに「道徳教育推進教師」をおくことが決められた。それだけではない。特別活動および公民科の「倫理」と「公共」が、道徳教育の「中核的な指導場面」となることが明記されたのである。

こうなると、教科教育においても、それが〈国家主義〉とは必ずしも無縁ではいられないことがわかるのではないか。それは、国語科の新科目である「言語文化」、地歴科や公民科の各科目には、わが国の伝統と文化を尊重する態度や「国を愛する」心情を養うことが期待され、公民科の新科目である「公共」には、「公共空間に生きる私たち」の存在を自覚し、それを「人間としての在り方生き方」として深めることで、現存する国家・社会への参画と貢献の意識を養うことが期待される、といった具合である。また、地歴科や公民科の各科目において、領土問題をはじめとする政府見解は、子どもたちによる「探究」の対象とするのではなく、そのまま教えるべきことが強調されている点にも注意を向けておく

---

14　現在では、「STEM教育」にさらにArtを加えて、「STEAM教育」とされることが多い。Society 5.0に向けた人材育成を論じた先の文科省（二〇一八）が、文理融合の重要性を力説するゆえんでもある。

必要があろう。

要するに、新学習指導要領には、強面の〈国家主義〉が教育課程の全体を蹂躙しているというわけではないとしても、しかし、子どもたちの「主体的な学び」と自由な「探究」が展開される舞台（教育内容）の要所要所には、「これは尊重しよう」という「誘い水」や、「ここは踏み越えてはならない」といった「立ち入り禁止」のラインが巧妙に引かれているのである。

## 5　新学習指導要領は高校教育の困難を打開する契機となるか

さて、ようやくこの章の中心的な問いを議論するための「道具立て」が揃った。見てきたような新しい高校学習指導要領は、本書がこれまで述べてきたような、現在の高校教育が抱える困難や課題を克服していくための「手がかり」を与えてくれるのだろうか。

もちろん、ここで「手がかり」と書いたのは、〈臨界点〉にまで近づいた高校教育の困難を克服することは、教育課程の改善や改革だけで成し遂げられるものでは毛頭なく、制度面や人的・物的・財政的支援の面、教育行政や学校の管理運営面など、多様なアプローチが協働して機能することが求められる至難の技であるからである。ただ、そのことを前提としたうえで、少なくとも教育課程の改革という点で、新しい高校学習指導要領は、困難の克服への「一歩」を踏みだしたのだろうか。この点を考えてみたい。

## (1) 高校教育は社会との結びつきを取り戻すか

今日の高校が抱える困難と課題の由来が、戦後のある時期以降、高校が〈自律システム化〉してしまったがゆえに、高校教育と〈職業社会との疎隔〉が生じ、その結果として、生徒が高校で学ぶことの意味と意義を実感できなくなったことにあることは、本書で繰り返し述べてきたとおりである。この点に着目すれば、確かに新しい学習指導要領は、これまでのマイナスのスパイラルを断ち切る方向に歩みはじめたようにも見える。

「社会に開かれた教育課程」の標榜は、新学習指導要領が、高校で学ぶことと社会とのつながりを取り戻そうとすることの証である。「資質・能力の三つの柱」に即してすでに述べたように、それがめざすのは、社会とのつながりを意識できる「教育内容」を準備することで、生徒自身が高校での学びを自らの「生き方探究」にまでせりあげていくことにある。そのことを通じて、学びの意味の獲得や学習への動機づけを促そうという「仕掛け」が、新学習指導要領には確かにビルトインされている。こうした点での一歩前進は、正しく評価しておく必要がある。

しかし、では、この「仕掛け」は、はたして十分に機能するのだろうか。この点では、懸念が残ると言わざるをえない。まず、何よりも、「社会に開かれた教育課程」という際の「社会」の概念が、きわめて抽象的で、茫漠としている。

試みに、1章で触れた一九六〇年代の「高校多様化」政策を想起してみよう。そこでは、将来の地域労働市場における職種別の労働力需要の予測に基づいて、高校の職業学科を再編することが目論まれていた。もちろん、そうした労働市場と高校制度との「接続」のさせ方は、いささか「粗暴」であり、教育の論理を介在させながら、生徒や保護者の希望とのていねいなマッチングをはかるといった配慮には、およそ欠けてもいた。また、労働力需要の予測そのものも、その後の高度経済成長期の産業構造転換のスピードを考慮すれば、どれだけ正確なものだったのかは疑問なしとはしない。

しかし、六〇年代「高校多様化」政策は、実際には目論見が大きくはずれたのだとしても、少なくともそれが意図したことは、高校と社会（労働市場）との「接続」をはかることによって、生徒には、「この学科で学べば、将来はこの職業に就くことができ、そこで学んだ内容は、職業に就いてからも役立つ」と実感させることであった。つまり、それは、高校で学習することの「めあて」を、生徒に対してきわめて具体的なかたちで与えるものではあったのである。

これと比較すれば、新しい学習指導要領における社会との「接続」の曖昧さは、否定しようがない。それは、生徒に対して、高校で学んでいることと、社会とのつながりを意識させることを目的とするが、その社会は、実は加速度的に変化し、将来は「先行き不透明」で「予測困難」であることも言及されている。もちろん、生徒が出ていくのが「先行き不透明」で「予測困難」な社会だからこそ、「教育内容」ではなく、「資質・能力」の獲得を重視するのであるが、そうした資質・能力も、「将来どの分野に進んだとしても（おそらくは）役立つ」といった抽象的な意味でしか、将来社会にフックすることができない。つまり、高校での学習の「めあて」を具体的なかたちで生徒に実感させるものにはなっていないのである。

そう考えれば、新しい学習指導要領が、学びにおける「生き方探究」を持ち出してきたのは、こうした意味での高校教育と社会との「接続」の抽象性や曖昧さを自覚したがゆえのことであるとも理解できる。雑駁に言ってしまえば、学びの「めあて」は、生徒に自己責任で探究してもらうという論理に踏みきらざるをえなかったわけである。

さらに言えば、新しい学習指導要領が念頭におく「社会」像には、先に述べた意味での〈産業主義〉の論理が貫かれている。つまり、新学習指導要領が想定している「社会」像は、これからの産業界を主体的に担い、貢献し、活躍していく「人材」にとっての社会であるという特徴が色濃く現れている。

1章では、「知識基盤社会」化の進行は、そこで求められる労働力を、創造的な知識労働を担う少数の中核的な労働者層と、対人サービスや定型的な業務に従事する多数の周辺的な労働者層に二極化させると指摘した。そこで用いた概念を援用すれば、新学習指導要領が想定している「社会」は、知識労働を担う少数の中核的労働者層にとっての将来社会であって、多数の周辺的労働者層にとってのそれではない。

とすれば、新学習指導要領が提唱する「社会に開かれた教育課程」は、将来の「知識労働」がピンと来る少数の生徒層にとっては、大いに刺激となり、学習意欲を引き出すものになるかもしれない。しかし、高校で多数派を占める生徒層にとっては、そうはならない。むしろ、「先行き不透明」や「予測困難」、人工知能（ＡＩ）が人間の労働を代替していくかもしれないといった社会像の提示は、彼らの不安を煽るものでしかないだろう。そんな社会像を突きつけておいて、そこで「生き方探究」をせよと迫られても、おそらく圧倒的多数の生徒は、ただ困り果ててしまうだけなのではないか。彼らは、早晩、エリートのための教育課程に付き合わされる自分たちには、高校教育は何の意味も意義も持たないことに気づいてしまう。

もちろん、こうした生徒層に関しても、彼らが学校や社会に対して懐疑的になったり、反抗的になったりしては困る。国家や政府の政策に対して、批判的になったりしたら、もっと困る。だからこそ、そうした生徒層をも巧みに既存の秩序内に「包摂」するものとして、新学習指導要領には、〈産業主義〉と並んで、それを補完すべき〈国家主義〉の論理が貫かれてもいるのである。

## (2) 学力格差と学校間格差はどうなるか

では、今日の高校教育の困難と課題を招来しているもう一つの要因、高校の〈階層的序列化〉との関係は、どうだろうか。

もちろん、〈階層的序列化〉は、高校の〈職業社会との疎隔〉の結果、高校制度が〈自律システム化〉し、そこに学力や偏差値を基準とするような「一元的能力主義」が貫徹したために生じたものである。そうした「一元的能力主義」を成立させたのは、「学（校）歴社会」に代表されるような社会の価値観であり、具体的な職業能力ではなく、汎用可能な「潜在的能力」が重視される学校と労働市場との「接続」様式であり、入学試験での評価基準である。したがって、高校の〈階層的序列化〉という問題は、教育課程のみをどれだけ改革したとしても、それが直ちに序列化の解消を促すといった結果にはならない。そのことは、まず認識しておく必要がある。

ただ、そうだとしても、社会全体には高校の〈階層的序列化〉への磁場が張り巡らされていても、どういう教育課程を組めば、それが序列化をますます亢進することになり、逆に、どういう教育課程であれば、序列化に対して抑制的に働くのかという違いはある。その限りで、ここでは、一点だけ指摘しておきたい。

端的に、新しい学習指導要領は、生徒間の「学力格差」[15]をこれまで以上に拡大させ、結果として、高校間の「学校間格差」をも広げるものになるだろう。

なぜ、そんなふうに言えるのか。一つには、新学習指導要領は、〈産業主義〉の論理からも明らかであるが、学校が、競争的な人材選抜の機能を果たすことを放棄してはいないからである。「高大接続改革」によって登場した新しい「大学入学共通テスト」の内容を見ればわかるように、それは確かに、従来のような知識・理解を軸にした入試を更新することをめざしている。しかし、知識・理解にとどまらず、「思考力・判断力・表現力」や「主体性・多様性・協働性」までを評価基準へと動員するかたちで、

15　本来であれば、「新しい能力格差」「資質・能力格差」などと書くべきであろうが、文意をわかりやすくするために、従来のように「学力格差」と記すことにする。

競争システムじたいは温存している。いや、「温存」どころか、従来の「学力競争システム」は、「資質・能力競争システム」へとバージョンアップすることで、人材選抜の基準をいっそう「高度化」するとさえ言えるのである。

そして、想像するに、そうした「資質・能力競争システム」は、「学力競争システム」以上に、生徒間の学力格差を拡大するものとなる。なぜなら、「資質・能力競争システム」の結果には、「学力競争システム」の場合も実はそうなのであるが、それ以上に増幅して、生徒の出身家庭の経済資本や文化資本、家庭環境によって提供される教育資源の格差が大きく反映すると考えられるからである[16]。言ってしまえば、「資質・能力」への評価基準の高度化が、競争のスタートラインでの格差をこれまで以上に広げてしまうのである。

二つめには、新しい学習指導要領が規定した「教育内容―教育方法」の連関は、生徒の学力格差を拡大する方向に機能すると考えられるからである。新学習指導要領は、各教科のすべての授業において、生徒の「主体的・対話的で深い学び」を実現するためのアクティブ・ラーニングの導入を求めている。一般論として言えば、生徒参加型の授業、生徒が主体となって調べ、討論し、発表するような授業の設計は、歓迎すべきものであろう。そうした授業を通じてこそ、新学習指導要領が育てたい「資質・能力」である「思考力・判断力・表現力等」の育成も可能になるし、学びが「生き方探究」へとつながることも期待できよう。

しかし、そうしたアクティブ・ラーニング型の授業をするには、当然のことながら、授業時間に余裕が必要である。教師が教科書と黒板を使って、淡々と授業を進めるような講義型の授業と比較すれば、アクティブ・ラーニング型の授業の方が時間を食うのである。だとすれば、普通に考えて、この手の授業を首尾よく推進するためには、取り扱う「教育内容」については大胆に精選しつつ、しかし、選ばれた内容については、生徒が主体となる能動的な学びを展開することができるので、結果としては、内容についての本質的理解が深まる、といった授業設計を施すことが必要となる。

では、新学習指導要領は、「教育内容」を大胆に精選しているのかと言えば、そんなことは全くない。これまでと同等か、教科によっては増えてさえいるのである。それは、中央教育審議会の教育課程部会が、新しい教育課程についての審議を開始する最初の段階から条件づけられていた既定路線である（おそらく、「ゆとり教育」の導入の際、教育内容をかなり精選したことに対して、その後社会的に大きな批判を浴びたことが、いまだに政策担当者にとっての「トラウマ」として残っているのであろう17）。

ということは、新しい学習指導要領は、自らが規定した「教育内容」と「教育方法」のあいだにある困難と矛盾を、自らが解決する筋道を示してはいない。乱暴に言ってしまうと、あとは「それぞれの学校現場が工夫を凝らせばよい」とでも言わんばかりに、各学校に「丸投げ」するのみなのである。

---

16 本田由紀『多元化する能力と日本社会』NTT出版、二〇〇五年、を参照。
17 前掲の拙著（二〇一五）、を参照。

では、「難題」を預けられた学校現場は、どう対応するのか。無い袖は振れない以上、結局は、限られた授業時間数のなかで、今でさえパンパンに膨れあがっている教育内容をこなしていかなくてはならない、しかも、アクティブ・ラーニングの手法を導入しながら。

ある単元のなかで設定した特定の主題について、アクティブ・ラーニング型の授業を展開するとしよう。アクティブ・ラーニングが成立するためには、当たり前のことであるが、設定された主題にかかわる知識や考え方などを事前に学習し、身につけておく必要がある。そうでなければ、アクティブ・ラーニングなどそもそも成り立たない。単純化すれば、「知識・理解」と「調査・討論・発表等」はセットなのである。前者を抜きにしては、後者は成立しない。それでも強引に後者を展開しようとすれば、それは、ただの活動主義になって、生徒の「深い学び」などは絶対に実現しない。

「教育内容」は従来と同量なのに、授業としては「知識・理解」と「調査・討論・発表等」の双方に取り組めという要求は、学校現場にとっては、はっきり言って無理難題である。危惧されるのは、どちらも中途半端になることであろう。

ただ、それでも、「知識・理解」についての学習の飲み込みが早い生徒、あるいは、家庭学習や塾・予備校において代替的な学習ができる生徒は、「調査・討論・発表等」のアクティブ・ラーニングのなかで、従来以上に力をつけていくかもしれない。しかし、「知識・理解」の飲み込みに時間がかかり、家庭学習や塾・予備校での代替ができない生徒は、こうした授業では、内容が理解できないにもかかわらず、アクティブな学習態度だけは求められる「苦行」に耐えながら、授業には置いていかれることになりかねない。学力格差という点で言えば、「上」は伸びるかもしれないが、「下」がつまずく可能性が、これまで以上に増幅されるということである。

考えてもみよう。新しい学習指導要領の体制下では、全国の学校において、小学校入学の段階から、こうした授業が展開されるのである。そうした授業を小学校、中学校と受けていくなかで、学力格差は、おそらく徹底的に開いていく。そんな生徒たちが、高校には、各学校の〈階層的序列化〉のポジションに沿って「輪切り」されて入学してくるのである。高校の「学校間格差」が拡大しないはずはないだろう。

# 終章　高校教育の新しいかたち

最後に、これまでの章で論じてきたことを振り返りつつ、見たきたような困難と課題に立ち向かうべき高校教育の「新しいかたち」について、筆者自身がどのように考えているのかを率直に述べてみたい。ごく概略的な素描にならざるをえないが、しかし、考察に向かう姿勢としては、可能な限り大胆なスタンスでのスケッチを試みてみたい。

## 1　この本で論じてきたこと

各章で論じた内容を、結論的な部分に限定して示してみよう。

1章では、戦後日本の高校制度が、一九六〇年代の「高校多様化」政策の挫折を転換点として、しだいに〈職業社会との疎隔〉のプロセスを歩み、〈自律システム化〉したこと、その結果として、学校間に〈階層的序列化〉が進行したことを見た。こうした高校の「常態」は、七〇年代以降の一定期間、教育システム内部での高校教育の相対的な「安定」を生んだという側面もあるが、それは同時に、その後の日本の高校がさまざまなかたちで背負うことになる困難や課題の原基にもなっていった。2章で論じたように、そうした「常態」を成立させた要因には、戦後の教育研究が、「労働」が持つ人間形成上の意義には饒舌であったにもかかわらず、「職業」と教育の関係については、しだいに寡黙になっていったという、ある意味での弱点の存在を指摘することができる。

何ゆえに、高校が〈自律システム化〉したのかと言えば、それは、高度成長期以降、日本の企業社会が独特の「日本的雇用」慣行を確立し、幅広く「新卒一括採用」をするようになったという状況に対して、高校制度が巧みに「対応」した結果であると見ることもできる。考えてみれば皮肉なことであるが、戦後の高校は、一九七〇年前後の時期に、こうした特殊な仕方で「社会」のニーズに対応しようとした結果、その後は、自律システムとして「安定」的になることの代償として、自らの社会的な存立基盤であるはずの社会のニーズへの感度を弱めていったのである。

しかし、こうした七〇年代以降の日本の高校教育の「常態」は、3章で論じたように、高校の〈階層的序列化〉の最下層〈底辺〉の部分において、想像を絶するほどの教育の困難や矛盾を堆積させてもいた。もちろん、事例に取り上げた高校群では、生徒の中退防止や卒業後の進路確保のために、教師たちが必死の努力を繰り広げていたが、それでも困難や課題の全面的な解決には至らないという意味で、そこには、現在の高校教育の〈臨界点〉がほの見えていると言わなくてはならない。

4章は、大都市圏ではなく地方小都市において、こうした高校の〈階層的序列化〉が、どのように機能しているのかを明らかにした。それは、高校間格差を極限にまで広げ、スライス上に「輪切り」された生徒が高校に入学するといった大都市圏の状況とは異なるがゆえに、中退者や卒業後の進路未定者を大量に輩出するといった「教育困難校」を生み出すことにはなっていない。しかし、そこでは、生徒たちの進路形成は、自らの意図や目標設定というよりは、入学する高校（それは実は、小学校高学年くらいには、ある意味で「見えて」しまう）の階層的ポジションによって規定されるという「地方の現実」が、変わらない「日常」を堅固に支配していたのである。

ところで、3章で調査対象とした三つの高校は、偏差値レベルはほぼ同一で、ともに高校制度の〈階層的序列化〉の最下層に位置する学校であったが、そのうち工業系の専門高校であるZ校は、他の二校と比較すれば、相対的に「安定」しており、生徒の卒業後の進路保障という点でも良好な実績を維持していた。これは、Z校が職業教育を行う専門高校であるがゆえに、この本が再三指摘してきた〈職業社会との疎隔〉を免れ、社会との結びつきを維持しつつ、そのニーズに応える教育内容を提供できているがゆえのことである。

言うなれば、Z校の教育は、教育システム内部に働く偏差値基準の〈階層的序列化〉のもとでは不利なポジションに立たされているとしても、社会のニーズとの結びつきを持った教育内容を提供することで、生徒には、高校で学ぶことの意味や意義を実感させるとともに、卒業後の進路をも保障できていたのである。

こうした意味で、教育内容の職業的レリバンスに注目することで、今日の高校教育の困難、その〈臨界点〉からの脱出を見通すことができるのではないかという発想から、新制高校の発足から四五年ぶりに登場した新学科である総合学科の教育の内実に迫ろうとしたのが、5章である。結論的には、〈少なくとも調査対象の高校に関しては〉総合学科の教育は、職業教育としての役割や「職業意識」を育てるという点では、専門（職業）学科と比較して大きく見劣りがするものの、生徒に「キャリア意識」を育成し、それを卒業後の進路形成にもつなげていくという点では、有意性を持つことがわかった。

同様の発想（問題意識）から、6章では、「社会に開かれた教育課程」を目標に掲げる新しい高等学校学習指導要領が、再び高校教育と社会をつなぎ直すことになるのかという問題を検討しようとした。結論として、新学習指導要領の課題意識には耳を傾けるべき点もあるが、〈産業主義〉と〈国家主義〉が交錯する新しい教育課程は、現在の高校が直面する苦境を救うものであるというよりは、かえって高校教育の競争的性格を強め、格差の拡大をもたらしかねないという点で、これまでの困難を増幅しかねないものであることを確認した。

## 2　高校教育の新しいかたちへ

以上のように、この本の各章で論じてきたことに照らせば、今日の高校教育は「袋小路」に嵌ってしまっているかに見える。もちろん、表面的に見れば、それほどの困難や課題を抱え込んでいるようには見えない、「平凡な日常」が支配している学校も少なくはなかろう。しかし、それは、すでに序章で指摘したように、高卒後の進学率の上昇によって、高校教育の段階での問題点や矛盾が「先送り」されるメカニズムが強力に働いているがゆえのことである。

本来、生徒にとって、高校で学ぶことの意味や意義が実感できないという事態は、高校教育の存在意義を脅かしかねない深刻な要因になりうるものである。だからこそ、表面的な「平穏」の陰では、学力競争や受験競争システムにおける自己のポジションを少しでも上昇させるという「擬似的」な目的や目標が、高校教育の意味と意義の「空洞化」を必死になって代替しようとしているのである。

実際にはそれは、高校をただの「通過点」にしてしまうという代償を払わざるをえないものではあるが、しかし、この「代替メカニズム」は、「学（校）歴社会」を是認する社会構造や雇用構造、そして人々の意識に支えられ、教育産業からも強力すぎる支援を受けることを通じて、生徒や保護者、場合によっては高校の教師の「感覚」をも麻痺させつつ、ある意味で「十全に」機能してしまっている。

しかし、「代替メカニズム」の作動は、高校が直面している本来の困難な課題を解消してくれるものではけっしてない。困難や課題は、大学や専門学校といった生徒たちの進学先に「先送り」されるだけである。それゆえ、当然のことではあるが、問題は、大学や専門学校などの上級学校において「顕在化」することになり、高校時代には感覚の麻痺のゆえに矛盾や問題を感じずに済んでいた生徒も、自らが学生となった後には、あらためて学ぶことの意味や意義を感じられないという問題に逢着することも出てくる。

そして、〈階層的序列化〉のもとにある高校には、そもそもそうした「代替メカニズム」が働かない学校も存在している。そうした高校群こそは、現在の高校教育の困難や矛盾を一手に背負い、生徒の指導と支援のために、教師たちが必死の努力を重ねるにもかかわらず、それでも、中退者や進路未定の卒業者を少なからず輩出し続けざるをえなくなっている。ここに、今日の高校教育の〈臨界点〉を見ないわけにはいかないだろう。

今日の高校が、以上のような意味での「袋小路」から脱け出すためには、これまでの高校制度や教育課程などの「制約」を、それが必要とされる点では大胆に取り払いつつ、高校教育の「新しいかたち」を創造していく以外にはないのではないか。――これが、きわめてシンプルなものであるが、本書の結論である。

それでは、高校教育の「新しいかたち」とは、いったいいかなるものなのか。ごく概略的な論述にならざるをえないが、以下、本書が考える「新しいかたち」のエッセンスを素描してみたい。

### (1) 「年齢主義」の克服

まずは、高校に限定した話ではなく、日本の学校教育全体にかかわることであるが、そこに根強く巣食う「年齢主義」の壁を取り払っていくことが必要であろう。ここで言う「年齢主義」とは、小学校に入学する七歳の時点から、年齢の上昇とともに学年が進行し、それが高校を卒業する一八歳の時点まで続き、大学でさえも、若干の年齢幅はあっても、ほぼ一九歳の時点で入学し、ほぼ二二歳の時点で卒業していくという状況を指している。つまり、学年や学校段階を上がるという教育の階梯の上昇が、加齢と同時にほぼ自動的に進むということである。

同一年齢の集団が、すべて横並びで教育の階梯を上がっていくという学校教育の「年齢主義」は、日本で生活していると、ごく当たり前のことのように思われるかもしれない。しかし、海外と比較すれば、かなり特異なことである。諸外国には、法制度上、小学校に入学する年齢が定められていない（保護者が入学する年齢を選択する）国もあれば、小学校であっても、「落第」が制度化されている国もある。そうした国では、当該学年の教育課程をきちんと修得できていないのに、年齢が上がるという理由だけで進級させてしまうのは、子どもの学習権を侵害することになると考えられているのである。

また、日本の大学は、「一九歳－二二歳」以外の年齢層の学生が極端に少ないことで知られている。日本の大学の場合、二五歳以上の入学者の割合は約二％であるのに対し、ＯＥＣＤ諸国の平均は二〇％弱である[1]。大学の段階までを含めて、いかに「年齢主義」の軛が強いのかがわかるだろう。

なぜ、日本の学校教育には、これほどまでに「年齢主義」がはびこっているのか。集団主義や横並びをよしとし、そこから外れる者には同調圧力さえ働く日本の伝統的な文化や組織文化の影響、企業の「新卒一括採用」の影響などもあるだろうが、ここでは詳述できない。

ただ、少なくとも法制度上の仕組みで考えれば、日本の小・中学校は、入学年齢を定めたうえでの

1　ＯＥＣＤ、Education at a Glance、各年度版。

「履修主義」（所定の教育課程の履修をもって、課程の修了とする）の原則に立っている。そうであるがゆえに、年齢の上昇とともに、学年も進行する。これに対して、高校や大学は、そうした原則には立脚していない。単位制度が設けられ、留級についての規定があることからもわかるように、「修得主義」（所定の教育課程の修得をもって、課程の修了とする）を原則としているのである。

そうだとすれば、少なくとも高校に関して、「年齢主義」の慣行を緩やかに壊していき、必要な場合には三年を超える就業年限を確保することで、高校教育としての実質を担保するということは、大掛かりな法制度上の改正などを経ずとも、ただちに実行可能なことである。もちろん、これには、現在までの「年齢主義」の慣行に慣れきってしまっている生徒自身や保護者、社会における人々の意識が変わる必要があり、かなりの抵抗感を持つ人が出てくることも想像される。また、高校を三年以上かけて卒業した生徒であっても、大学入試（推薦入試やAO入試を含む）や新卒就職の際には、けっして不利な扱いを受けることがないような社会的な合意と公正な仕組みをつくり上げることも必要であろう。「年齢主義」の慣行を取り払うために、こうした前提をクリアしていくことが、そう単純に一筋縄ではいかなかないことは、十分に承知しているつもりである。ただ、にもかかわらず、この壁を乗り越えていかない限り、今日の高校教育が抱え込んだ苦難からの脱出は、けっして見込めないのではないか。

現在の高校は、スライス状に格差化・階層化された各校の受け皿のなかに、小・中学校を通じて学力格差も、意欲の格差も徹底的に開いてしまった生徒たちを受け入れ、しかも、三年間の期限付きで、卒業へと向かわせなくてはならない。本書が〈臨界点〉という表現を与えたように、〈階層的序列化〉の最下層に位置づく高校群にとって、こうした窮屈さのなかで高校教育としての成果をあげることは、最初から失敗を約束されたにも等しい無理難題なのである。せめて義務教育の九年間の「ツケ」を払い終え、高校教育としての実質を担保していくためには、高校の入口から出口にかけての就業年限を弾力化していくことが、絶対に必要な条件整備である。

冷静に考えてみれば、現時点でも、定時制高校の就業年限は、原則として[2]四年（以上）である。また、単位制高校の場合には、四年どころか、それ以上の年数をかけて卒業することも可能であり、実際にそうした生徒も存在している。通信制高校の場合にも、しかりである。要するに、高校に通う年齢幅に関しては、「年齢主義」の例外は、現在でも存在しているのである。今後はこれを、少数者の「例外」という位置にとどめるのではなく、より分厚くしていくこと、教育上のニーズがある生徒は、三年を超えて在籍することも当たり前である（むしろ、それが生徒にとっての権利である）といった社会全体の理解を広げていくことが求められよう[3]。

---

2　従来は、定時制課程の就業年限は、すべて「四年以上」と規定されていたが、一九八九年から「三年以上」とされ、全日制課程と同様に三年での卒業も可能になった。

3　こうした方策をとっていくと、高校の定員管理の問題なども生じるかもしれないが、少子化に向かう今の時期だからこそ、教育行政は、数合わせの論理で高校の統廃合にばかり性急になるのではなく、これまでよりも柔軟な姿勢で「セーフティネットとしての高校教育」の保障に力を注ぐべきであろう。

## (2) 学年制の弾力化

次に、「年齢主義」の軛から解き放たれた高校は、仮に(現在の多くの高校がそうであるように)単位制と学年制の併用を続けるとしても、「学年制」に関しては、それを大幅に弾力化し、柔軟に運用していく必要がある[4]。

学年制の弾力化を進めることができれば、各高校は、生徒の教育的ニーズがある場合には、入学の時点で、小・中学校の教育内容の学び直しを目的とする「リメディアル教育」を実施することも可能となる(イメージとしては、入学後の二年間で、義務教育の内容のリメディアルと高一の教育課程を並行して学んでいく)。また、卒業に向かう時点で二年間をかけて、高三の教育課程と大学や専門学校進学のために必要となる教育内容の「補充学習」、あるいは就職のために必要な教育を並行して提供することも可能となるだろう。後者の場合、就職希望の普通科の生徒に対しては、学校設定教科・科目を活用して、職業に関する教育やインターンシップの機会等を提供することが、積極的に考えられてもよい。

これらは、これまでのような窮屈な教育課程の運用が、高校教育の内実を「形式化」させてしまうことを防ぎ、むしろ教育の実質化を図っていくために、一人ひとりの生徒のニーズと学びのスピードに沿った教育活動を展開していくためにこそ求められる措置である。

## (3) 転籍、転入・編入、再入学の活性化

学年制の弾力化によって可能になるのは、生徒が同一の高校・課程・学科に在籍し続けることを前提

として、高校教育としての実質を担保できるような教育環境の整備である。しかし、実際にはそうした環境整備をしても、高校に入学後、在籍する学科の教育内容への関心や学習意欲を喪失してしまう生徒や、他の課程や学科への移行を希望する生徒、さらには中退してしまう生徒も少なからず出てくるであろう。こうした生徒たちをも念頭において、希望するすべての者に高校教育を保障していくためには、同じ高校内での課程や学科の「転籍」、他校への「転入」、いったん高校を中退した者の当該高校への「再入学」、他校への「編入」の制度が、積極的に活用される必要がある。

これらは、制度上は今でも可能なものであるが、実態としては、それほど有効に機能しているとは言い難い。課程や学科を転籍する者、中退後に再入学を果たす者は、ごく少数にとどまる。中退者の他校への転入・編入も、中退後の進路に占める割合は少なくないとはいえ、全日制課程から定時制や通信制課程への移行が圧倒的に多いという現実もある。現在でも、入学した高校に適応できず、その教育内容に興味を持てなくなっているにもかかわらず、中退を回避するためという理由だけで、とりあえず在籍を続ける生徒は少なくない。しかし、そうした生徒の存在こそは、高校で学ぶことの意味や意義を喪失させ、高校教育を「空洞化」させる原因でもあるわけである。そうした「不適応」を少しでも減らし、

4　「学年制の弾力化」と言うと、通常は、一定の単位数以下の未修得科目がある場合でも、上の学年への進級を認めるといった措置を思い浮かべるかもしれない。しかし、それでは、次の学年での履修を厳しくするだけで、高校教育の実質的な保障にはつながらないおそれがあると考え、以下のような提案をしている。

高校が、高校教育としての本来の役割を果たしていくためにも、転籍、転入・編入、再入学などの制度が、当たり前のように行使できる仕組みをつくりあげ、それを行使しようとする意識を醸成していくことが求められよう。

### (4) 教育内容の実質的な「多様化」

制度としての高校という「器」は、以上のような意味で、これまでのような窮屈な佇まいではなく、タテ軸(修業年限の幅)とヨコ軸(課程、学科、学校の仕切りを超えた移動可能性)の双方において、十分に弾力化され、柔軟化される必要がある。そして、そのことを前提としたうえで、高校という「器」に盛り込む教育内容は、従来よりも大胆に「多様化」されていくべきであろう。

ここでいう教育内容の「多様化」とは、高校教育が社会との結びつきを取り戻すことを前提とし、生徒の卒業後の進路や将来のキャリア形成の方向性を踏まえて、そこに有意味な効果を持つような教育課程の実質的な分化が、生徒自身の必要性と選択に基づいてなされていくことを意味している。

重要なのは、生徒の側の教育的ニーズと選択こそが、教育課程の分化を決めるという原則であり、それは、制度的にあらかじめ想定された教育課程の分化に、(学力や能力等を基準として)生徒を配分(選別)していくことを構想した一九六〇年代の高校「多様化」政策や、普通科をターゲットとして多様なコース制の導入等を進めようとした八〇年代以降の高校「新多様化」政策[5]の原理とは、根本的に異なっていなくてはならない。

より具体的に言えば、ここで提案する教育内容の「多様化」は、普通科や専門学科の教育課程をいたずらに細分化することをめざすものではない。そうではなくて、先に述べた高校の入学段階での「リメディアル教育」や、卒業段階における「補充学習」などの選択肢が存在することも、まぎれもなく「多様化」の一環である。あるいは、本書が指摘してきた高校教育の〈職業社会との疎隔〉という問題点を少しでも克服するために、普通科の生徒に対しても、学校設定教科・科目を積極的に活用して、職業に関する教育を提供することなども、そうである。

もちろん、生徒が普通科に在籍していても、自己の将来への見通しを通じて、本格的な職業教育を受けることを望むのであれば、当たり前のように専門学科への転籍や転学が可能となること、逆に、専門学科に在籍する生徒であっても、他の専門学科や同一学科内の他の小学科、あるいは普通科への転籍・転学が可能となることで、やり直しや学び直しができるようになるといったことも含まれる。そして、より大胆に言えば、同じ教科・科目を学ぶ場合でも、教科・科目としての目標やねらいの同一性は担保しつつ、教育内容そのものは、生徒の必要に応じて多様性が認められるということを含んでいる。

要するに、やや理想論になってしまうが、必要に応じて、必要な時に教育課程を選べ、選び直せること、そうした選択や再選択が有意味に感じられるくらい、それぞれの教育課程の内容が社会と結びつき、生徒の将来のキャリア形成の方向性とリンクしていることが、ここで言う高校の教育内容の「多様化」

---

5　拙稿「新『多様化』政策と学力」『季刊・人間と教育』二号、労働旬報社、一九九四年、を参照。

なのである。もちろん、それを可能とするためには、制度としての高校という「器」が、タテ軸にもヨコ軸にも柔軟なものとなっている必要があるわけであるが[6]。

### (5) 外部資源との連携

高校教育の「新しいかたち」に関して以上に述べた考え方は、高校という制度を可能な限り柔軟なものにすることで、すべての生徒が高校教育の内容を修得し、かつ、その内容が社会とつながり、自らの将来とも結びつくものと実感できるようになることをめざしている。そうすることで、生徒が高校で学ぶことの意味と意義を取り戻していくことを意図している。

とはいえ、そうしたことを、個別の高校がすべて単体で担おうとするには、自ずと限界がある。すでに述べた転学や転入などの制度の積極的活用は、教育課程の実施において、単独の高校の枠を超えた高校間の連携と協働を活用しようとするものであるが、生徒支援においては、これを、高校の枠を超えた地域内のさまざまな社会資源との連携にまで広げていく必要がある。「高校から社会への移行」時の困難、家庭の生活困窮や発達障害などを背景とした「不適応」の問題なども直視すれば、高校と就労支援および福祉の領域の機関などとの連携は、主要な柱になると思われる。そして、そこに医療や精神保健、ユースワーク等の青少年育成、社会体育や生涯スポーツなどの領域との連携を加えることが模索されてよいだろう[7]。

近年では、文科省の施策によって、スクール・カウンセラー、スクール・ソーシャルワーカー、部活動指導員といった専門スタッフを学校のなかに導入する「チーム学校」の推進が謳われている8。有効に機能するのであれば、そのことの意義と役割を否定する必要はまったくないが、生徒支援に必要なすべての機能を学校内に取り込むことは、人的資源の点でも、財政的にも大きな限界があろう。その意味でも、学校内には、教員に限定されない生徒支援の核となるチームをつくっていくと同時に、広く学校外との連携を図っていくことの双方が求められよう。

### (6) 高校と基礎自治体との結びつきの強化

最後に、高校と地元の市町村との結びつきが、これまで以上に強化される必要があろう。周知のように、公立高校は、都道府県の教育委員会によって管理・運営されている。それゆえに、地元の基礎自治

---

6 現在、教育再生実行会議が、第十一次提言に向けて設置したワーキング・グループの一つにおいて、「新時代に対応した高等学校改革」を議論し、「学習の方向性に基づいて学科を類型化すること等、普通科の在り方の検討」を課題に掲げている。その課題意識は理解できなくはないが、おそらくは既存の高校制度の窮屈な「器」を前提にしていると思われるがゆえに、それは結局は、一九八〇年代以降の新「多様化」政策の焼き直しにしかならず、期待される成果を生み出すことにはならないのではないか。教育再生実行会議「第十一次提言　中間報告」二〇一九年一月、を参照。

7 イメージとしては、「子ども・若者育成支援推進法」(二〇一〇年)における子ども・若者育成支援の地域的ネットワークを想起すると、わかりやすいかもしれない。

8 中央教育審議会「チームとしての学校の在り方と今後の改善方策について(答申)」二〇一五年、を参照。

体との関係や連携は、総じて手薄になりがちである。

しかし、問題は、それだけではない。進学のための学力獲得競争に組み込まれ、〈階層的序列化〉の作用によって、広域から通学する生徒を多数受け入れている今日の高校は、そうした競争システムに従順なままに、その教育に熱心になればなるほど、(比喩的な表現になってしまうが)結局は「村を捨てる学力」[9]を育てることになるという現実に直面させられている。そうした趨勢は、新しい学習指導要領においても、変わりそうにはない。新学習指導要領が構想する「社会に開かれた教育課程」も、そこにエリート主義的な〈産業主義〉の論理が貫かれるならば、その教育は、結局は「村を捨てる資質・能力」の育成に帰結する可能性を否定できないからである。

本来、高校教育の「新しいかたち」が取り戻すべき「社会」との結びつきは、一極集中の結果として勝ち残る「大都市圏のみで構成される社会」でも、産業主義的に演出された「グローバル社会」でもない。高校教育は、まずは足元にある地域社会との結びつきを回復すべきであり、そこを土台として、大都市圏や日本全体、世界とのつながりも意識しつつ「グローカル」に生きることのできる生徒を育てていく必要があるだろう。

高校教育の「新しいかたち」がこうしたものであってこそ、地元の自治体にとっても、地域に高校が存在することの意義をあらためて認識し、地域内の社会資源を動員して高校と連携しつつ、生徒の発達と学習への権利を保障していくことの意味が見えてくる。逆に、高校の側にとっては、必ずしもエリートではない大多数の普通の生徒に、高校で学ぶことと「社会」との結びつきを実感させ、競争主義のレールに乗っていくただけではない、多様な価値観に基づく自己の将来への見通しを考えるきっかけを与えることができるだろう[10]。

## 3 論じ残したこと

この本を閉じるにあたって、あらためて全体を読み返してみると、論じきれなかったと思う点も多い。もちろん、たった一冊の書籍で、今日の高校教育に関するあらゆるテーマに触れようなどと考えるのは、およそ荒唐無稽な企てでしかないことはわかっている。そのことは、序章でも書いたとおりである。それゆえ、そうした点での後悔はないが、しかし、本書のような問題意識に立ち、本書のような方法的論な視角を設定したとしても、やはり論じておくべきだったのではないかと思われる点がいくつか残っている。最後に、そうした論点のうち主要なものをあげ、筆者の今後の研究課題とすべきことを明示して、

9　この表現は、戦前から戦後初期にかけて活躍した教育実践家である東井義雄の著名な実践記録である『村を育てる学力』を念頭におき、しかし、その後の戦後日本の教育現実が、東井の理想とは正反対の方向に進んだことを指している。

10　現在、少子化の進行を背景として、各県の教育委員会では高校の再編整備計画を策定し、実際に実行に移しはじめた県も出てきている。数合わせの論理では、高校の統廃合は避けられない状況にあるが、はたしてそうした観点だけでよいのか。地域と高校の再生という二つの課題を串刺しにして追及していくべきだと考える立場からすれば、今が正念場だと言えるのかもしれない。

筆を置くことにしたい。

### (1) 「高校三原則」再考

一つめは、いわゆる「高校三原則」をどう考えるかという点である。

新制高校は、戦後、後に「高校三原則」と呼ばれることになった制度形態を理念的な原型としながら出発した。高校三原則とは、周知のように、男女共学、総合制、小学区制のことを指す。このうち、男女共学の原則だけは、今日に至るまで曲りなりにも堅持されてきている〈ジェンダー平等の観点から見れば、今なお克服すべき課題や問題が残っているとしても、である〉。しかし、総合制と小学区制に関しては、新制高校の発足後、それほど時間が経たない時期から、その原則を蔑ろにする教育政策が展開されはじめ、今日では見る影もないほどに変質してしまっている。

総合制の原則は、一九五〇年代以降の教育政策が、普通科や職業科の単独校化を推進していった結果、あえなく崩壊していった。その影響が、本書が指摘してきたような、高校教育の〈職業社会との疎隔〉と、その結果としての高校の〈自律システム化〉の進展に大きく及んだことは間違いなかろう。少学区制の原則もまた、高校の通学区の拡大を進めた教育政策の企図によって、同様の運命を辿り、一九八〇年代以降の新自由主義政策のもとでは、「選択の自由」の美名のもと、通学区の拡大が極限にまで押し進められた。その結果が、3章で論じたような、高校制度の〈階層的序列化〉のもとで喘ぐ「教育困難校」の現実を生み出してきた。

では、現在の高校教育の再生をめざすためには、総合制と小学区制〈学校数の多い都市部においては、総合選抜制〉の復活をめざすべきなのだろうか。先に論じた、この章での「高校教育の新しいかたち」についての考察は、大がかりな制度変更を伴わない範囲内での現実的な提案となることを前提としたので、〈総合制ではなく〉高校間の連携の必要性や、〈少学区制ではなく〉高校と基礎自治体の結びつきの強化といった点を主張するにとどまっている。しかし、では、そうした「前提」を取り払って考えれば、総合制と小学区〈総合選抜〉制の復活めざすべきなのか。――こう問われると、実は、筆者には判断に迷うところが残っている。総合制にしても小学区制にしても、その理念や意義は、高校の〈職業社会との疎隔〉を防ぎ、また〈階層的序列化〉の弊害を緩和する制度的な方略として、積極的に評価すべきものであると考えている。

しかし、他方で、総合制の原則に関して言えば、すべての高校に普通科と職業科〈専門学科〉を併置し、かつ、相互の有機的な乗り入れを図るという構想が、実際にリアリティのあるものなのかどうか、あるいは、2章で論じたように、それが結局は、系統的な職業教育を提供することを阻害してしまわないかといった点での懸念が残ると考えている。

また、小学区〈総合選抜〉制についても、「選択の自由」論の洗礼を受けてしまった現在の社会意識において、それが、どのような意味で保護者や地域住民の合意を得られるものになるのかについては、かなりの難しさを抱えていると考えざるをえない。もちろん、私学をどう位置づけるかといった問題を含めて、である。

いずれにしても、こうした論点をきちんと論じきるには、現在の筆者は、準備不足の状態であることを否めない。今後の研究課題としたい。

## ⑵ 高校の準義務化

二つめは、高校を「準義務教育化」するという構想についてである。

多くの方が気づかれたかもしれないが、この章で、高校教育の「新しいかたち」を論じた際の筆者のスタンスには、「高卒当然社会」11という指摘もあるような今日の社会状況においては、高校教育を受け、高校を卒業することは、若者の「社会への移行」にとって、ほとんど必要最低限に近い要件となっており、その意味で、高校教育は、若者にとってのセーフティネットの役割を果たすべきであるという前提認識があった。

そうであるとすれば、高校を「準義務化」して、高校教育は、すべての若者に対して権利として、無償で保障できるようにすべきなのか。もちろん、この場合の義務化のイメージは、「準」を付けていることからもわかるように、小・中学校のような「年齢主義」に基づく義務教育を高校段階にまで延長するものではない。高校に入学する年齢を選べることや、中途で休学期間を挟むことも可能であり、希望があれば、速やかに復学できる権利を担保するといったことを含んだ柔軟な「義務化」である。

筆者としては、こうした柔軟な「準義務化」の構想は、前向きに検討するに値するものと考えているが、慎重な検討を要する点もある。まずは、法や制度の面で、「準」に込められた柔軟性をどのように現実的に担保するかという問題があるが、それだけではない。現状において、高等専修学校のように、高校以外の教育機関が、若者の「社会への移行」における実質的なセーフティネットの役割を担っているケースもあり12、これらとの関係をどうするのか。あるいは、現在は「高等学校卒業程度認定試験」を利用して大学等に進学しているような者に対しても、高校に在籍し、卒業することを求めるのか、などの検討課題もある。

これらの点の検討も含め、高校の「準義務化」の可否や可能性についても、今後の研究課題としたい。

### (3) シティズンシップ教育の課題

最後は、高校が、シティズンシップ教育の課題をどう引き受けるのかという点である。

今日の高校教育が抱える困難や課題の由来を探るために、本書が一貫して採用してきたのは、〈職業社会との疎隔〉という方法的論な視角である。しかし、職業社会とのつながりの視点を失った結果、高校教育が〈自律システム化〉したのであれば、そのプロセスは、実は〈市民社会との疎隔〉のプロセスとコインの表裏の関係として進行したはずである。市民社会とのつながりの視点を希薄化させた高校教

---

11 香川めいほか『〈高卒当然社会〉の戦後史』新曜社、二〇一四年、を参照。
12 伊藤秀樹『高等専修学校における適応と進路――後期中等教育のセーフティネット』東信堂、二〇一七年、を参照。

育は、その後、「政治的教養」〈教育基本法第一四条〉や市民性〈シティズンシップ〉を育てるという本来の役割を後退させていったことは間違いない。

詳しく論じている余裕はないが、後者の〈市民社会との疎隔〉のプロセスがとりわけ顕著になったのは、「高校紛争」を経た一九七〇年代以降のことであろう。そうであれば、それは、六〇年代の高校「多様化」政策の挫折を経て、高校の〈職業社会との疎隔〉が進行したのと、ほぼ同時期のことになる。そう考えれば、七〇年代以降の高校教育とは、いったい何だったのか。「学力競争システム」と「新卒一括採用」の相対的な安定性に支えられるという社会的土台があったとはいえ、学校教育のあり方としては、きわめて特異な形態に安らってきたのではないのか。

もちろん、一九九〇年代以降、こうした高校の〈自律システム化〉には陰りが見えはじめ、二〇〇〇年を迎える頃には、さまざまな矛盾が露呈してきた。その結果、高校教育に関しても、職業社会との関係においては「キャリア教育」が、市民社会との関係においては「シティズンシップ教育」が、取り組むべき課題として意識されるようになった。キャリア教育〈よき職業人の育成〉とシティズンシップ教育〈よき市民の育成〉は、車の両輪のごとくに機能すべき、学校教育が引き受けるべき本来の役割である。そう考えれば、今日の高校教育は、特殊な社会的条件に支えられた長期の「安穏」から目を覚まし、ようやく本来の姿に戻ろうとしていると言えなくもない。

こうした大きな見取り図に照らせば、本書は、広い意味での「キャリア教育」の側の視点から、戦後の高校教育の困難や課題の由来を探り、そこからの出口を模索しようと試みたものである。ここでの考察に、「シティズンシップ教育」の側の視点からの考察や知見を加え、両者を撚り合わせていく作業と課題は、今後の筆者の研究にとって大きな宿題となろう。

# あとがき

ようやく脱稿まで漕ぎつくことができた。――これが、この本を書き終えての、正直な、ウソ偽りのないところでの実感である。本書の元となるアイデアを固め、出版社にも相談したうえで実際に執筆をはじめてから、すでに一年あまりが過ぎようとしている。

なぜ、こんなにも遅れてしまったのか。筆者自身の力量の不足と怠惰は、率直に認めざるをえない。しかし、同時に、大学教員がますます多忙になり、研究時間の確保が本当に難しくなってしまったという昨今の状況を、自らも身をもって体感したという感覚がないわけではない。もちろん、これ以上書くと、読者にはお聞き苦しい愚痴になってしまうと思うので、やめておくが。

ともかくも、そういうことを含め、本書を完成させることができて、心の底から安堵の気持ちで一杯である。もちろん、内容については、奇譚のないご意見やご批判をお寄せいただきたいと思うが、途中で何度も「もう書けないのではないか」と心が折れかかったことを思い起こせば、今はもう、煉獄でもがき苦しんでいた状態から、とにもかくにも天国まで這い上がってきたような心境である。

とはいえ、本書が取り上げた高校教育をめぐる現在の状況は、言うまでもなく、安堵感や安心に浸っていられるような状態からはほど遠い。端的に言って、日本の高校は、危機的な状況に瀕しているはずである。しかし、そうした危機が、必ずしも危機と認識され、共有されているわけではないという「危機」を含めて、高校教育の「危機的状況」は多層化し、ねじれてもいる。

二〇二〇年を一つの起爆点として、高校教育だけではなく、日本の教育は大きく変わっていく。それはもちろん、教育政策が思い描いたとおりに変化するというわけではあるまい。改革の企図は、さまざまな局面で思わぬ「抵抗」にあったり、「抗いがたい現実」に直面して座礁したり、予期していなかった副次的な問題や困難を生んだりもするだろう。その意味で、変化のプロセスは、どこまでも複雑であると想定される。しかし、一つだけ確かなことがある。それは、価値判断を抜きにしても、二〇二〇年以降には日本の教育が、現在のような「かたち」のままにとどまることはないだろうということである。

では、少なくとも高校教育に限定して言えば、二〇二〇年以降の高校は、この本の各章が指摘してきたような困難や課題を克服することができて、現在よりも望ましい方向への変化を遂げるのだろうか。6章において本書が出した結論は、残念ながら、否である。

そうであるならば、せめて日本の高校に大きな変化の波が打ち寄せられる前の現時点において、これまでの高校教育のあり方を総ざらい点検してみることが必要なのではないか。そして、そこに確実に存在する「危機」を直視したうえで、変化の波にただ洗われるのではなく、変化の内実と方向を少しでもましなものにしていくための取り組みを開始することが切に求められよう。

そうした取り組みの前進に向けて、そのための前提となる現状認識を確かめ、共有していくために、本書が少しでもお役に立つことができれば、筆者としては望外の喜びである。

最後になってしまったが、出版事情のきわめて厳しいなか、この本の出版を快く引き受けていただいた株式会社泉文堂と、なかなか進まない筆者の執筆作業を辛抱強く待ち続け、編集の段階でも細やかな心配りをしてくださった編集者の佐藤光彦さんに感謝申し上げたい。

二〇一九年三月末　新年度を目前にして

著　者

# 初出一覧

〈序章〉　書き下ろし

〈1章〉　（原題）学校と職業世界のあいだ
　　　　　――戦後高校教育政策の転回と今日的課題――
　　　　　『転機にある教育政策』「日本教育政策学会年報」第二〇号、二〇一三年

〈2章〉　（原題）若者はいつ、どこで、「職業」を学ぶのか
　　　　　教育科学研究会編『戦後日本の教育と教育学』（講座「教育実践と教育学の再生」別巻）、かもがわ出版、二〇一四年

〈3章〉　（原題）「教育困難校」におけるキャリア支援の現状と課題
　　　　　――高校教育システムの「周縁」――
　　　　　『教育社会学研究』第九二集、日本教育社会学会、二〇一三年

〈4章〉　（原題）高卒後の進路選択行動と震災
　　　　　――岩手県K地域に焦点を当てて――
　　　　　『生涯学習とキャリアデザイン』vol.13、法政大学キャリアデザイン学会、二〇一六年

〈5章〉（原題）総合学科は生徒にいかなる意識・能力を育てているか
―A県B高校での実態調査を踏まえて―
『法政大学キャリアデザイン学部紀要』第一四号、二〇一七年
〈6章〉書き下ろし
〈終章〉書き下ろし

# 著者紹介

**児美川　孝一郎**（こみかわ こういちろう）

法政大学キャリアデザイン学部教授
　専門　教育学（キャリア教育，青年期教育）

1963年東京生まれ。

東京大学教育学部卒，同大学院教育学研究科博士課程単位取得退学。

1996年より法政大学に勤務。2003年よりキャリアデザイン学部助教授，2007年より同教授（現職）。

**〔主な著書〕**
『新自由主義と教育改革――日本の教育はどこへ向かうのか』（蕗薹書房）
『若者とアイデンティティ』（法政大学出版局）
『権利としてのキャリア教育――若者の希望と社会２』（明石書店）
『若者はなぜ「就職」できなくなったのか？――生き抜くために知っておくべきこと』（日本図書センター）
『これが論点！ 就職問題』（編著，日本図書センター）
『「親活」の非ススメ――“親というキャリア”の危うさ』（徳間書店）
『キャリア教育のウソ』（ちくまプリマー新書）
『まず教育論から変えよう――５つの論争にみる，教育語りの落とし穴』（太郎次郎社エディタス）
『夢があふれる社会に希望はあるか』（ベスト新書）

高校教育の新しいかたち

困難と課題はどこから来て，出口はどこにあるか

2019 年 6 月 1 日　　初版第 1 刷発行

著　　者　児美川 孝一郎

発 行 者　大坪 克行

発 行 所　株式会社　泉　文　堂

〒161－0033　東京都新宿区下落合 1 － 2 －16

電話 03－3951－9610　FAX 03－3951－6830

印 刷 所　有限会社 山吹印刷所

製 本 所　牧製本印刷株式会社





ISBN 978－4－7930－0620－3　C 3037